クリエイティブ・マネジメント

新しいビジネスを生み出す
思考のフレームワーク

柴田雄一郎
Shibata Yuichiro

フォレスト出版

Creative
management

はじめに

　これまで音楽配信や動画配信のベンチャー企業から始まり、トヨタ自動車、ソフトバンクといった大手企業、内閣府、地元の中小企業から地域活性、最近では AI や空間コンピューティングのスタートアップまで、規模や業種を問わず新規事業開発の現場を経験してきました。その経験をもとに 2020 年頃から新規事業開発専門の講師を務めるようになり、リスキリングのニーズも高まり、多くの企業や受講生に支えられて2025 年 1 月までに、セミナーやオンライン講座を通じて 2 万人近くの方々と一緒に新しい価値を生み出す「クリエイティブ・マネジメント」の可能性を探求してきました。

　また、20 社以上の企業研修と新規事業開発の伴走支援をする中で、私自身も多くを学びました。その経験をまとめたのが本書です。本書を通じて、1 人でも多くの方々が新規事業のアイデアを生み出し、実現するための参考にしていただけたら幸いです。

これから求められるビジネススキルは「創造性」と「情熱」

　本書では、これまで私が数々の新規事業開発やイノベーション創出の現場で培った経験と、ビジネス分野から経済学、アート、脳科学、哲学まで多岐にわたる私の個人的な興味・関心とを紐づけることで導き出した創造性の再定義と、アイデアを実現するための手引きとなる思考のフレームワーク、さらに自律的で創造的な組織のリノベーション事例を紹介しています。

経済成長の鈍化や AI の急速な発展など、「VUCA（※）」と呼ばれる予測不能な「正解が見えない時代」になり、過去のデータや事実にもとづくロジカル思考だけでビジネスを行なうには限界が見え始めています。指示されたことを正確に実行する作業は AI やロボットの仕事になり、その代わり人間には既成概念を打ち破り、感性や直感を使って「新たな正解」を創造するスキルが求められています。つまり、今まで以上に新しいものを生み出す「創造性」と、困難を超えて実現する「情熱」がビジネススキルとして求められています。

※ VUCA とは、「Volatility（変動性）」「Uncertainty（不確実性）」「Complexity（複雑性）」「Ambiguity（曖昧性）」の頭文字を取ったもので、物事の不確実性が高く、将来の予測が困難な状態のこと。

　いまだかつて日本が経験したことのない人口減少と、多くの人々の物質的欲求が満たされたモノが飽和した時代で、モノを量産して、売って廃棄するというサイクルはすでに限界を迎え、世の中は生産性のスキルの時代から創造性のスキルの時代へとシフトしています。あらかじめ用意された答えを暗記することで評価される「学力」ではなく、学校や企業ではほとんど学ぶことができない「創造性」のスキルが求められています。

アイデア創出の鍵は「新結合」にあり

　さて、新規事業開発において、最も多い悩みの 1 つが「いいアイデアが浮かばない」です。解決方法はとてもシンプルです。アイデアを生み出す法則は「組み合わせ」です。「新しい組み合わせ」、つまり「新結合」がイノベーションの起点になります。

　クリエイティブ・マネジメントの研修では、アイデアを生み出すために「アイデア大喜利」というワークショップを行ないます。

これは、「お題のAとBをかけて、その心は？」と問うものです。AとBという一見何の関係もなさそうな2つの要素から、意外なCが生まれてくる「謎かけ」のようなものです。アイデア創出と謎かけは、いずれも異なる2つの要素をかけ合わせて新しい意味や価値を生み出すという点において、思考のプロセスがよく似ています。

　たとえば、「電車と電話をかけて何と解く？」「その心は？」。

何だかわかりますか？

　携帯電話が普及する前の時代にタイムスリップして「未来ではみんな電話で電車に乗っている」と言ったら、「何を言っているかわからない」と笑われるか、相手にされないでしょう。
　その心は「Suica」「PASMO」「ICOCA」など交通系ICカードのモバイルアプリです。
　このように一見まったく関係なさそうな2つの要素が新結合して何が生まれるか？　この2つの関係がかけ離れているほど、ユニークなアイデアになります。そこに生まれる新たなものこそイノベーションなのです。

クリエイティブ・マネジメントとは?

　アイデアをひらめいたときの「アート思考＝創造力」、製品を使う人たちの深層ニーズを探求する「デザイン思考＝想像力」、そして、アイ

デアを現実化していくための「ロジカル思考＝客観性」をいかに使い分けるか？

　この３つの思考をメタ認知する思考（自分自身の考え方や行動を客観的に見つめて理解する）の管理を、私は「クリエイティブ・マネジメント」と呼ぶことにしました。思考の拡張と収束を客観的に捉え、マネジメントすることでアイデアを実現に導く思考のマネジメントともいえます。

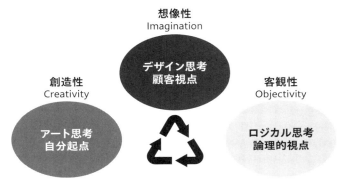

**クリエイティブ・マネジメントとは
新しい価値を生み出す思考と実践のマネジメント**

　また、今までにない多くの創造的で独創的なアウトプット（＝アイデア）を生み出すためには多くのインプットが必要です。インプット、つまりアイデアの「種」が多いほどアウトプットの数も増えます。なお本書では、新規事業部で実践して効果を発揮した「トレンドレポート」というインプットの習慣化や、ユーザーの潜在的なニーズを発見し、既成概念にとらわれず柔軟にアイデアの「種」同士を結びつける創造力を発揮する実践的な思考のトレーニング法も紹介しています。

　そして、アイデアを実現するためには、仕事を自分ごととして捉え、苦難を乗り越えて形にする「情熱」が必要になります。多くの創業者、起業家、イノベーターは、最終的に必要なのは「情熱」だと言います。

どれだけビジネスフレームワークを理解していても、あるいはMBAを取得していても、最後には「情熱がなければ実現は不可能だ」と言います。新しいビジネスを生み出すことは、それだけ大変な仕事なのです。「まだ見ぬものを形にしたい」という内発的動機と、それを成し遂げてきた芸術家や起業家のマインド（情熱）と創造力のスキルこそ、本書でお伝えしたいことです。

「内発的動機」──この単語は本書の中にたくさん出てきます。内発的動機で満たされるものは何か？　それは報酬ではなく「充足感」に違いありません。

2018年に全米で実施された「成功に対する見方」に関する意識調査によると「成功を個人的に定義するとすれば、幸福感と達成感が何よりも重要だ」とする回答が圧倒的だったそうです（※）。

※出所：『Dark Horse「好きなことだけで生きる人」が成功する時代』（トッド・ローズほか、三笠書房、2021年）

成功の基準は富と名誉であるという価値観は生産性重視の均一化社会には適合しますが、個別化し並列化した現代社会では幸福感と達成感が人生で優先される傾向が強くなっています。

「内発的動機」から仕事を自分ごと化するとき、報酬のためではなく自己実現と充足感によって幸福感が満たされるのだと思います。

人は本来、幸福になるために、そして、ほかの人を幸福にするために仕事をしているのではないでしょうか。

新規事業開発という"未開のジャングル"にどう挑むか？

あるアンケートによれば、新規事業開発の担当者のうち、責任者としてゼロから事業化を経験したことがある人は2割程度だそうです。その事業が成功した確率はさらに少ないでしょう。また、起業後10年以上事業を継続できる確率は10〜20%ともいわれています。起業、新規事業開発、イノベーション創出は、多くの人にとって未開のジャングルに

踏み込むようなものといえるでしょう。

では、そのジャングルへ踏み込むのは誰のためか？

もちろん企業の持続可能性のためではありますが、不安を超えビジョンが形になったとき、あなたには何ものにも代えがたいスキルと自信が身についているはずです。

仮に、あなたがとても厳しく、辛い現場にいたとしましょう。これを成長のチャンスと捉えるか、仕方なくこなすか、それともイヤだと言って逃げ出すか——それはあなた自身の選択です。今の仕事や環境を否定したり、あきらめる前に「じゃあ、どうするか？」を考えて実行する。そして、もしあなたが組織を出ようとしているなら、あえてもう一度自分に厳しくなってみる。そうすることで「もしかして、これは成長のチャンスなのではないか？」などと思えるようになったら、それに取り組んだ時間はあなたにとって宝になります。

もし、あなたが今までにない事業のアイデアを実現し、起業したいと思っているのであれば、この本はあなたの助けになるでしょう。

あるいは、もしあなたが企業に所属するイントレプレナー（※）だとしたら、今から起業するスタートアップに比べて、資金も社会的な信頼も有利な立場にあるといえます。これをチャンスとして受け止め、勇気を持って挑むか、それとも「やらされている」と思ってイヤイヤ取り組むかで、そのあとの人生はまったく変わった景色になるはずです。

※イントレプレナー（Intrapreneur）とは、社内起業のこと。企業内で起業家のような役割を遂行し、新規事業や革新的なプロジェクトを推進する社員。

本書は、私が今までにないサービスや製品の開発に挑戦してきた経験から生まれた思考のマネジメントとマインドをまとめたものです。必ずや、あなたのお役に立つはずです。

目　次

はじめに ………………………………………………………………………… 1

第 **1** 章　原体験と3つの思考

原体験と「衰退社会の幸福」 ………………………………………………… 14
アート思考との出合い、「新しいこと」を考え出す人の時代 ……………… 17
思考の3つの「型（フレームワーク）」とは? ……………………………… 20
　アート思考　22
　デザイン思考　23
　ロジカル思考　25

第 **2** 章　生産性社会から創造性社会へ

「貧しさ」が広がる衰退社会の始まり ……………………………………… 28
成長しない国 ………………………………………………………………… 29
なぜ日本企業のDXは進まないのか? ……………………………………… 31
インターネットの未来はどうなっていくのか? …………………………… 32
生成AIは人の仕事を奪うのか? …………………………………………… 36
AIと共創する ………………………………………………………………… 39
世界が求めるビジネススキルの3位は「創造性」 ………………………… 41
「人材」の時代から「人才」の時代へ ……………………………………… 42
アマゾンの面接「あなたが発明したものは何ですか?」 ………………… 44
能力のピラミッド …………………………………………………………… 45
大きな変化の時代 …………………………………………………………… 47

第 **3** 章　あなたの会社で新規事業が
　　　　　生まれない理由

もし、あなたが新規事業部に配属されたら…… ………………………… 50

社会や市場の変化に気がつかないミドル〜シニア世代　51
生産性組織の限界　53

新規事業を阻む3つの壁 　54

1 個人の壁　55
2 組織（チーム）の壁　56
3 経営者の壁　57

新しいことを生み出す人材に求められるスキルとマインド 　59

創造的思考能力（クリエイティビティ）　59
創造的精神力（クリエイティブ・マインド）　60
実行力（コミュニケーション・スキル）　61

第 4 章　アート思考

アート思考とは何なのか？ 　66
アート思考が注目された経緯 　69
私にとっての「アート思考」 　71
『The MFA（美術学修士）is the New MBA（経営学修士）』 　76
アート思考が注目を浴びた背景と資本主義の限界 　78
アーティストが持つ10のマインド 　82

1 好奇心と探究心　82
2 内発的動機　83
3 独創性　83
4 創造性　84
5 感受性　84
6 リスクテイキング　85
7 反骨精神　86
8 持続的努力　86
9 多様な影響の吸収と統合　87
10 情熱　87

起業家精神とアーティスト・マインドの共通点 　88
孫正義氏のアート思考 　90
起業家・イノベーターとアーティストのマインドの共通点 　91

1 好奇心と探究心　91
2 内発的動機　92

3 独創性　92

4 創造性　93

5 感受性　93

6 リスクテイキング　94

7 反骨精神　94

8 持続的努力　95

9 多様な影響の吸収と統合　95

10 情熱　96

経済価値、社会価値、アート思考の内発的動機との関係 ·················· 97

アート思考を起点にした新規事業開発の事例 ························· 99

アート思考とモチベーション3.0 ······························ 101

アート思考に対する誤解とアート思考の限界 ····················· 104

日本企業にアート思考のイノベーター人材が存在しない理由 ··········· 108

第 **5** 章　デザイン思考

デザインとデザイン思考の違い ······························· 112

デザイン思考とは？ ····································· 113

デザイン思考の5つのプロセス ······························ 114

1 共感（Empathize）　115

2 問題定義（Define）　116

3 創造（Ideate）　116

4 プロトタイピング（Prototype）　116

5 テスト（Test）　116

デザイン思考の事例①「子どもが怖がらないMRI装置」（GEヘルスケアMRI
装置担当幹部ダグ・ディーツ氏）　117

デザイン思考の事例②「生活者研究」
（花王株式会社 コンシューマーインテリジェンス室）　119

共感マップを使う ····································· 120

デザイン思考の事例③「足と目と耳を総動員する」（「いつもナビ」）　121

デザイン思考の事例④「顧客が欲しいというものは作らない」（キーエンス）　122

「モノ」から「コト」、そして「物語」の時代へ ······················ 122

デザイン思考の限界 ···································· 125

第6章 ロジカル思考

ロジカル思考とは何か？ ……………………………………………………… 128

事業計画書はどう作ればよいのか？ ………………………………………… 135

ロジカル思考の限界 …………………………………………………………… 136

MBAは必要なのか？ ………………………………………………………… 139

第7章 クリエイティブ・マネジメント

「3つの思考」の傾向を知る ………………………………………………… 144

拡散思考 ………………………………………………………………………… 148

収束思考 ………………………………………………………………………… 149

アイデアを事業化するまでの流れ …………………………………………… 151

　1 情報の集積　152

　2 アイデアを妄想（起点）　152

　3 ひらめき　154

　4 ニーズ検証　155

　アジャイル開発　157

　5 事業計画　159

第8章 創造性をビジネスに活かす

なぜアイデアを多産する必要があるのか？ ………………………………… 162

アイデアを生み出す方程 ……………………………………………………… 164

　1 蓄積＝アイデアの「種」　〜多くの引き出しを持つ　164

　2 結合＝さまざまな要素を自由に結びつける妄想　165

　3 熟考＝客観的思考　166

　4 4B＝思考を手放す（開放）　166

最新の脳科学から見た創造性 ………………………………………………… 167

どうすれば創造性は鍛えられるか？ ………………………………………… 171

青の晩餐 172

ダ・ヴィンチとGACKT氏の共通点 174

メモをとる習慣で創造性を広げる 176

瞑想やマインドフルネスをビジネスに活用する 178

第 9 章 実践のための 思考ウォーミングアップ

頭を柔らかくするクイズ 182

思考のウォーミングアップでわかったこと 195

第 10 章 アイデアの「種」

アイデアの「種」を蓄積する 198

1 トレンドレポート　199

2 アセットやリソースの可視化（企業ポートフォリオの作成）　202

3 なりすまし営業　204

第 11 章 アイディエーションの実践

アイデアを生むための「型」を身につける 208

マインドマッピング 209

内発的動機の結合　214

自社アセットの結合　218

オープンイノベーション　218

リバース・アサンプション 221

オズボーンのチェックリスト 223

生成AIを使ったアイディエーション 226

第 12 章　イノベーションを生み出す組織

「新しい組織の創出」というイノベーション････････････232

組織リノベーションに必要な要素･････････････････････233

1 トップのコミットメント　234

2 パーパスの浸透と全社員の参加　235

3 外部専門家の活用　237

自律分散型　アジャイルアート思考組織から生まれた「RESAS」･･････239

JVCケンウッドの新規事業プロジェクト･･･････････････245

新規事業の「型」（フレームワーク）の習得　246

オーセンティック・リーダーシップ　246

心理的安全性と1on1　248

メモをとる習慣：好奇心の習慣化でアイデアの「種」を集める　250

競合＆共創関係：2つのイントレプレナーチームのパーパスを策定　252

可視化と浸透：大型の液晶ビジョンの導入、ステッカー制作　253

アセットの可視化：企業ポートフォリオの作成　253

事業の把握：「なりすまし営業」　254

アイデアの「種」を集積：「トレンドレポート」　254

客観的な評価：媒体への露出　255

メタ認知の習慣：「今どこ?」の確認　255

コラム クリエイティブ・マネジメントを実践して得たもの･････････257

イノベーション管理プラットフォーム「IdeaScale（アイデアスケール）」･･･258

組織の幸福度がイノベーションの源泉となる･････････････262

おわりに･･264

参考文献･･266

ブックデザイン／bookwall

本文DTP制作／近藤真史

本文図版制作／津久井直美

編集＆プロデュース／貝瀬裕一（MXエンジニアリング）

第 **1** 章

原体験と
3つの思考

原体験と「衰退社会の幸福」

　パブロ・ピカソは「子どもは誰でも芸術家だ。問題は、大人になっても芸術家でいられるかどうかだ」という言葉を残しています。
　あなたは子どもの頃、芸術家（創造的）だったのでしょうか？
　私は1年ほど、子どもたちにプログラミングや料理、アートなどを実践してもらうワークショップを主催していたことがあります。彼らはやらされていることではなく、やりたいことに真っ直ぐで、思いもよらない発想で自由に創造する力を持っていました。私たち大人は、「やらなければいけないこと」「やらされていること」に苛まれ、いつしか創造性を失ってしまったのではないでしょうか？

　突然ですが、あなたの最初の記憶は何ですか？
　私が思い出すことができる最初の記憶、それは幼稚園の図工の時間です。

「今日はお父さんに父の日のプレゼントを作りましょう」

　机の上には粘土が置かれていて、私は父のために灰皿を作ることにしました。粘土の塊から灰皿をイメージして作っていると、園長先生がやってきました。顔は笑っているもののどことなく冷たい感じのする彼は「お父さんに花瓶を作っているんだね」と言うなり作りかけの灰皿を取り上げて、勝手に作り変え始めたのです。
　私は、園長先生が灰皿を花瓶に作り変えていくさまを呆然と眺めていました。
　ある程度、花瓶の形になったところで、園長先生はそれを机の上に置

いて去って行きました。そのあと、私は粘土に触るのもイヤになりました。机には、灰皿にも花瓶にもなっていない中途半端な粘土の塊が残りました。私はそのときに感じた憤りと悲しみを今でも忘れません。

　これが私の最初の記憶です。創造性を阻害する大人たちや社会に対する嫌悪感を私に植えつけた最初の出来事でした。ピカソの言う芸術家は、このとき翼を折られたのです。

　私が思い出すことのできる2番目の記憶、それは1970年の大阪万博です。

　当時4歳だった私は、父に連れられ、人混みに押しつぶされながら見上げた太陽の塔の圧倒的な存在感と、キラキラした未来のイメージが心に深く刻まれました。

　この2つの原体験が象徴するのは、傲慢で画一化した大人社会に対する嫌悪感と圧倒的にキラキラした未来への憧れです。それから半世紀近くを経て、私はアート思考という「正解のない」時代の思考スキルとマインドを身につけ、かつて自ら嫌悪した大人になり、万博ほどのキラキラ感はないものの安全で清潔で物質的に満たされた現代社会に生きています。

　数々の新規事業の開発現場を経て、2014年、40歳を過ぎた頃、産業構造や人口動態、人の流れなどに関する官民のビッグデータを集約し、可視化を試みる内閣府地方創生推進事務局が運用するWebサイト「地域経済分析システム（RESAS）」（https://resas.go.jp/）のプロジェクト・マネージャーを務めることになりました。

　本来は2年かけてシステムを構築するはずだったプロジェクトは、ある日いきなり制作期間が半年に圧縮されました。崖っぷちに立たされた私は、必死でプロジェクトに臨みました。金額にして数百億円を超える予算と膨大なデータ、そして日本地図と向き合い、データをビジュアラ

イズしていく中で驚愕のデータに出合いました。

　未来の人口を予測したデータを見ると、日本のどの地域でも人口グラフは年を追うごとに急激に下降していきます。日本創成会議が 2014 年に発表した報告書「成長を続ける 21 世紀のために『ストップ少子化・地方元気戦略』」（通称：増田レポート）には、2040 年までに全国の自治体の約半数にあたる 896 の自治体が消滅する可能性があると書かれていました。

　日本は確実に衰退する！
　常に人口が増加し続けた戦後の日本でこれまで経験したことのない人口減少が起こり始めています。経済成長が限界を迎え、人口減少傾向に入り、衰退が始まった日本において幸福とはどうあるべきか？　その頃から私の新たな探求が始まりました。

　経済成長が人を幸福にしたのだろうか？　テクノロジーの進化が生活を豊かにしているのだろうか？

　さんざん考えた末に、**衰退していく社会において、必要になるのは新しい価値を生み出す創造力（creativity）と、人と未来を共感から思い描く想像力（imagination）だ**という答えにたどり着きました。
　これからお伝えすることは、あくまで私自身が経験と知識から作り上げた「正解」であって、あなたにとっての「正解」である保証はどこにもありません。1 つだけ言える確かなことは、本書を執筆している今、私は幸せであるということです。
　普通のマンションに住み、洋服はほとんどが古着、ときどき DJ をしたりトランペットを吹いたり、銭湯に行ったりしています。周りには、信頼できる仲間たちと、辛いときも支えてくれた妻がいます。
　その幸せの多くは、創造と想像の 2 つから生まれているものだと実感

しています。「創意工夫して生きること」「相手を思いやる想像力」という2つのスキルを身につければ、仕事だけでなく人生もワクワクして、複雑化して先行きの見えない時代であっても豊かに生きていけるはずです。本書はビジネス書ですが、皆さんが衰退社会においても幸福に生きるためのヒントを提示しているので、そのつもりでお読みいただけると幸いです。

アート思考との出合い、「新しいこと」を考え出す人の時代

　YouTubeが日本でサービスを始める10年ほど前の1998年頃からインターネット放送局のベンチャー企業、2000年には音楽配信事業、2008年にはトヨタ自動車のメタバース事業と、日本で初めての新規事業の開発プロジェクトに立て続けに携わっていた私は、2014年、地域経済分析システム（RESAS）の開発に参加した頃、自分の経歴に疑問を感じ始めていました。

　次から次へ転々と新規事業開発の現場を渡り歩き、そこで得たものは何だったのだろうか？　予算数十億円規模のプロジェクト・マネジメントや企画を千本ノックのようにこなし、ときには「いっそ死んでしまえば、もう明日から重圧に思い悩むことはない……」と思うほどに追い詰められて過酷な現場を経験してきた自分にいったい何が残ったのだろうか？

　間違いなく得たものは「極限まで考えるスキル」と「あきらめないマインド」ですが、果たして、それでどれだけの報酬を得られたのか？　正直、多額の報酬をもらえたわけではありませんし、スキルを売りにキャリアアップしたわけでもありません。

おまけに、私は性格的に完成した仕事にはまったく興味がなくなってしまうのです。

　ちなみに、ピカソはこんなことを言っています。

「私の作品は完成した瞬間、私にはもう何の意味も持たない。私はただ次の作品に取り組むだけだ」

　今思えば、新規事業開発のプロジェクトは自分にとって「作品」だったのかもしれません。未知なるものを妄想し、それを形にしていくプロセス自体に興味があり、その先のビジネス（収益）や運用は、自分にとって重要ではなかったのだと思います。

　私が携わった新規事業の半分以上は打ち切りになったり、買収されたりしました。おそらく損失額は200億円を超えているでしょう。しかし、当時早すぎて業界から理解を得られなかった音楽配信や動画配信は、今となってはなくてはならないサービスになっています。

　CDがほとんど売れず、サブスクリプションで膨大な数の音楽が聴けるようになり、YouTubeやTikTokはテレビを脅かす映像メディアになっています。当時「荒唐無稽だ！」とまで言われた、私が携わった新規事業は現時点でスタンダードなサービスになっています。失敗したのは事業であって、未来に向けて作り上げたサービスの構想自体は間違っていなかったのです。

　2017年に京都造形芸術大学（現・京都芸術大学）の非常勤講師を務めさせていただきました。人類の進化と芸術、そして、一見かけ離れたアートとビジネスをどう結びつけるか――自分の経歴を棚卸しするつもりで講義のプランを組み立て始めました。

「人類が作ってきた文明とは何だったのか？」「私がしてきた仕事とアートの関係は？」、そして「アートの過去から現在、未来はどうなるのか？」という壮大なテーマで講師を務めるにあたって、さまざまな分野

の参考になりそうな本を読み始めました。

　その過程で出合ったのが『ハイ・コンセプト　「新しいこと」を考え
出す人の時代』（ダニエル・ピンク、三笠書房、2006 年）です。自分が
それまでに考えてきたことや実践してきたことの答え合わせのような本
でした。読んだことで「これでよかったんだ！」と自分の仕事をやっと
肯定することができました。

　この本には、「アート思考」や「デザイン思考」という言葉こそ登場
しませんが、現在のアート思考やデザイン思考の概念に通じる内容でし
た。著者のピンク氏は 2004 年に「Harvard Business Review」誌で「The
MFA is the New MBA（美術学修士は新しい経営学修士である）」と題
する論文を発表しました（※）。その内容を発展させた書籍『ハイ・コ
ンセプト』の日本版は 2006 年に刊行されましたが、その時点で早くも
マインドフルネスや社会の多様性の進行、資本主義の限界を示唆してい
る点が今読んでも新鮮です。

※出所：https://ww2.americansforthearts.org/publications/mfa-new-mba

　講師になってからは人前で話す機会が増えたため、自分の「直感」や「ひ
らめき」といった感覚を客観的に説明する必要が出てきました。自分軸
で新規事業やアイデアをひらめくためのアート思考、製品を使う人たち
の深層ニーズを探求するデザイン思考、そして客観的に事業として現実
化していくためのロジカル思考の 3 つを、自分がいかに使い分けている
かを説明するときに、『ハイ・コンセプト』はとても役に立ちました。

　さらに、「IQ が高いことが必ずしも優位ではなく、創造性はすべての
人に備わった能力であり、人間である証である」という言葉にも勇気を
もらいました。私にとってアート思考のルーツともいえる本であると同
時に、その中で提示されたコンセプトは私自身が新規事業の立ち上げを
通じて考えてきたフレームワークに最も近いものでした。

第 1 章　原体験と 3 つの思考　　19

豊かさのおかげで、今では多くの人の物質的ニーズは過剰なまでに満たされています。資本主義の限界やパンデミック、そしてAIの普及が急速に社会の価値観を変えていく中で、物質的な豊かさへの疑問や不信が増大しています。モノを作って、売って、捨てる──モノが飽和した社会で人々は「本質とは何か？」と「問う」ことを始めています。

　本書でお伝えする「クリエイティブ・マネジメント（アート思考×デザイン思考×ロジカル思考）」は、さまざまなシーンで新しいアイデアが求められたり、新規事業やイノベーションを生み出していく際に活用できる思考のフレームワークです。特別な能力が必要なものではなく、私たちが日頃思考し、行動する上での思考のパターン＝「型」のようなものです。

　これまで約２万人の方に受講していただいた講義をもとに、私が実践してきた「クリエイティブ・マネジメント」についてお伝えします。
　前置きが長くなりましたが、ここから講義に入ります。

思考の3つの「型（フレームワーク）」とは？

　歌舞伎役者の中村勘九郎氏は「型をしっかり覚えたあとに、型破りになれる」と言っています。
　新規事業やイノベーションは「型破り」といえるものですが、型があるからこそ「破る」ことができるのです。たとえば、柔道で受け身も知らずに道場破りをすれば痛い目にあうことは間違いないでしょう。これでは「型なし」です。また、型にこだわりすぎれば「堅苦しく」なり、自由な発想は生まれません。思考の型を破るには、まず思考の型を体得

し、そのあとで初めて破ることができるのです。その型を身につけるには多くの知識、実践、試行錯誤の蓄積が必要になります。

　私は新規事業開発の講師を務めるようになるまで、一度もビジネス書を読んだことがありませんでした。困難な状況に直面し、何度も瀬戸際まで追い込まれる実践を通じて思考の型を自ずと身につけてきたのかもしれません。講師を始めるにあたり、ビジネス書に限らず最新の脳科学、哲学、経済の本を読み漁り、ときには著者に直接ヒアリングし、自分の対処してきた状況や気づきと照らし合わせて体系化、つまり「型」化したものが本書で解説する「クリエイティブ・マネジメント」です。マネジメントという言葉から「組織や人を管理すること」を思い浮かべる方が多いと思いますが、ここでは次の3つの思考をマネジメントすることを意味します（次ページ図1-1）。

・アート思考：創造するスキルと自分起点の内発的なマインド
・デザイン思考：他人（顧客）の思いや行動に共感と洞察を重ねた課題
　解決
・ロジカル思考：事実にもとづき客観性を持った論理的な思考

　この3つの思考を管理する、あるいは3つの思考パターンを持つ人たちのバランスを管理するアプローチです。ちなみに、マネジメントの語源は、イタリア語で「馬を手綱で操る」ことを意味する「maneggiare（マネジャーレ）」からきています。「管理する」というよりは、「3つの思考の手綱を握っておく」ということです。暴れ馬のような**アート思考で拡散した思考を野放しにせず、飼い慣らしていきながらデザイン思考で顧客の深層ニーズを探求し、ロジカル思考でより客観的に思考します。**

　アート思考では、経験や多くの知識の蓄積から生まれる「ひらめき」や「直感」を駆使して、今までにない新しいアイデアを創造します。

第1章　原体験と3つの思考　　　21

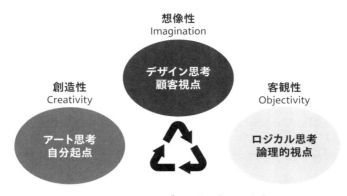

図1-1　クリエイティブ・マネジメントの全体像

　デザイン思考では、そのアイデアが本当に世の中から必要とされているかどうかを相手の立場に寄り添って想像し、ニーズを深く観察・洞察・検証します。

　最後に、ロジカル思考では、客観的かつ論理的な思考により、アイデアを具体的なビジネスにしていきます。

　この3つの思考を行ったり来たりしながらアイデアを実現するまでのプロセスが「クリエイティブ・マネジメント」です。アートやデザインに縁のない人には難しそうに思えるかもしれません。ですが実は、アート思考もデザイン思考も、皆さんが日頃から使っている思考パターンの1つです。つまり、皆さん自身がすでに持っている能力なので、それほど難しいことではありません。

アート思考

　「クリエイティブ・マネジメント」の起点となるのがアート思考です。

私が提案するアート思考は芸術作品の対話型鑑賞や絵画を描いてみるといった美術の鑑賞や体験（啓蒙や教育）とは異なります。もちろん、教育にアートを取り入れることや、知識や教養としてアートを学ぶこと、アート作品と対話することは感性や美意識を高め、創造性に触れるきっかけとなるので、美意識を養うことはできます。しかし、他人に言われて絵画を見に行ったところでビジネスエリートになれるわけではありませんし、新規事業のアイデアが浮かぶわけでもありません。アート思考は教育分野での創造的なアプローチからビジネスにわたる広い分野の話ですが、ここで重要なのは鑑賞者の思考ではなく、表現者、つまりアーティスト自身の創造性スキルやマインドを起点にしている点です。

「アーティストが作品を生み出すように、内発的動機から既成概念にとらわれず独創的なアイデアや妄想を形にするときに使う創造性とはどのようなものか？」「それを実現するにはどうしたらよいか？」ということです。

　本書では、ビジネスの世界で注目され始めた、ひらめきや直感から今までにない製品やサービスを生み出す創造性のプロセスやアーティストのマインドという視点から、私なりの解釈でお話しします。

デザイン思考

　デザイン思考はGoogleやヤフージャパンなどのグローバル企業や、経済産業省なども積極的に取り入れているフレームワークです。ファッションや商品パッケージ、ポスターなどのデザインのように造形や見え方の美的価値を提供し、利便性や機能性を向上させるデザインではなく、ユーザーのニーズを起点とした体験価値の設計を意味します。

　スタンフォード大学のハッソ・プラットナー・デザイン研究所（通称：d.school）のハッソ・プラットナー教授が提唱した「共感」「定義」「概念化」「試作・プロトタイピング」「テスト」の5つのプロセスによって、ユーザーとの共感を起点にし、ユーザーの見ているもの、聞いているこ

と、考え、感じていること、発言や行動、痛みやストレス、望んでいることなどを深く洞察した上で製品開発、サービス改善、組織変革などを行なう、幅広い領域で使われる思考のフレームワークです。

エンターテイメントの世界で最も成功した企業の1つディズニーの創設者ウォルト・ディズニーは次のように言っています。

「物語の作り手は、ストーリーに登場するすべての要素がどのように配置されるかを自分の頭の中で明確に捉えなければならない。キャラクターの性格が観客の関心を引き、魅力的なものであるか。ストーリーから十分に離れて、もう一度ストーリーを見直すべきだ」

出所：NLP Focus「天才と言われたウォルト・ディズニーの創作の秘訣」
https://www.nlpjapan.co.jp/nlp-focus/walt-disney.html

圧倒的に創造性が豊かなファンタジーの世界を描きつつ、作り手のエゴに陥らず、常に客観的な観客の視点に立ち返り、「顧客が主役」であることを重視しています。その視点はディズニーランドのホスピタリティーにも反映しているといえます。

ディズニーランドでは従業員の教育として受け継がれているウォルト・ディズニー社のイマジニアであるマーティ・スカラー氏が考案した「ミッキーによる10の戒律（Mickey's 10 Commandments）」があります。

①ゲストを理解しよう
②ゲストの視点・立場に立って考えよう
③アイデアの流れを整理して概念をわかりやすく
④視覚的な魅力を作り出す
⑤視覚に訴えて伝える
⑥詰め込みすぎない：興味を掻き立てるものを作る
⑦一度に伝える物語は1つ

⑧矛盾を作らない・アイデンティティを守る
⑨強制ではなく自発的に楽しんでもらう演出を
⑩常に高い品質を保つ

出所:『Walt Disney Imagineering: A Behind the Dreams Look at Making More Magic Real』(Imagineers、Disney Editions、1996 年)

　ディズニーランドは最新のテクノロジーを駆使したアトラクションなど、常に新たなものを取り入れ、改善を続けています。顧客の視点に立ち、常にテストを繰り返し、改善を続ける姿勢は世界で最もデザイン思考を具現化した施設の1つといえるでしょう。

ロジカル思考

　ロジカル思考とは、客観的な情報・事実をもとに筋道立てて整理・分析し、解決へと導く思考法のことです。根拠となる数字や事実を起点に思考するため、自分の直感や感性をもとに発想するアート思考とは、ある意味で対極にある思考プロセスといえます。
　事実にもとづきムダを省き、効率性を重視した客観的かつ合理的な解決方法は生産性の時代に適したフレームワークで、特に製造業においては必須の思考法です。トヨタ生産方式のように徹底的にムリ・ムダ・ムラをなくして効率的にモノを生産する上でとても重要な思考です。また、論理的思考は相手にわかりやすい説明ができることからプレゼンテーションや交渉時に説得力が生まれます。

　このように、アート思考の創造性や今までにないものを作り出したいという内発的動機や情熱、デザイン思考のユーザーとの共感から課題を解決するフレームワーク、そして、ロジカル思考の客観性の3つをそのときどきに応じて展開する思考の方法を「クリエイティブ・マネジメント」と定義します。

第 2 章

生産性社会から
創造性社会へ

「貧しさ」が広がる衰退社会の始まり

　従来のビジネスモデルや製品が陳腐化しつつあり、経済の成長が鈍化し、人口が急激に減少していく中で、新市場を開拓し、新しい価値を創造することが求められています。
　新しい価値を生み出すために大切なことは世界を自分の目で見て、感じて思考することです。目先のことだけでなく、現在と未来を心の目で見て、来たるべき未来からバックキャスト（逆算）して本質的な「ありたい姿」を創造することは、AIやDXの普及が加速する中で、これまで以上に重要になるでしょう。

　私たちが暮らしている現在の日本は、世界的に稀に見る安全・安心かつ物質的な豊かさに満たされた国になりました。経済発展はピークをすぎ、衰退社会になり始めています。おそらく、これからも「貧しさ」を感じる人と感じない人の格差がさらに拡大していくでしょう。
　富の集中が進み、格差が広がり、豊かさを目指した成長のはずが幸福度は低いまま。資本主義は止まらない中で１人１人が、現状を肯定的に捉えて内発的に変化・適応していく必要があると思っています。成長しない社会でいかに幸福を見つけるか？　今まで通りにならない「衰退社会の幸福」と向き合う時代だといえます。

成長しない国

　1980年、国際経済成長率ランキングで日本は世界第2位でした。また、1989年（平成元年）の世界時価総額ランキング10位以内には、日本企業は7社もランクインしていました。ところが、30年後の平成30年にはゼロになりました。

　それどころか、2019年の国際経済成長率ランキングでは世界198カ国の中で日本は150位以下まで下降しています。その原因として、イノベーションの停滞、国際競争力の低下があり、さらに急速な人口減少が追い討ちをかけます。

　人口減少、少子高齢化とよく聞きますが、具体的にどのくらい人口が減少するか、皆さんはイメージできますか？　戦後、日本の総人口は増加を続け、1967年には1億人を超え、2008年の1億2808万人のピークに達します。ところが、「平成27年版　厚生労働白書」の推計では、2100年には約4959万人（出生中位）とピーク時の3分の1相当にまで減るとされています（次ページ図2-1 ※）。

※出所：https://www.mhlw.go.jp/wp/hakusyo/kousei/15/dl/1-00.pdf

　これまで日本は人口増加と経済成長の波に乗ってきましたが、今、日本は歴史上体験したことのない衰退社会に入っています。

　政府は「896の自治体が消滅する可能性がある」と警鐘を発した元総務相の増田寛也氏の「増田レポート」（2014年）以降、地方創生に力を入れてきました。その政策の1つが地域経済分析システム（通称「RESAS」）でした。日本全国のさまざまなビッグデータを可視化して、自治体が客観的に自分たちの地域の状況を把握することで自ら考え、地

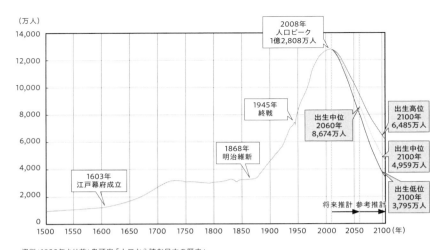

資料:1920年より前:鬼頭宏「人口から読む日本の歴史」
1920〜2010年:総務省統計局「国勢調査」、「人口推計」
2011年以降:国立社会保障・人口問題研究所「日本の将来推計人口(平成24年1月推計)」出生3仮定・死亡中位仮定
一定の地域を含まないことがある

図2-1 長期的な日本の人口推移

域の経済を発展させてもらうことが目的でした。

　今まで私が携わった新規事業開発の中でも最も難易度の高いプロジェクトでしたが、あれから約10年が経過した2024年、増田氏は政府の地方創生の取り組みは「十分な効果をあげなかった」と指摘し、将来的に「消滅」の恐れがある自治体数は、10年前の試算(896自治体)より増え、1000超に拡大している可能性があると言います(※)。

※出所:毎日新聞2024年1月1日「増田リポート10年 『消滅』自治体1000超も」
https://mainichi.jp/articles/20240101/ddm/001/010/066000c

　単純な話、買う人も作る人もいなくなります。経済が成長する要因が見つからない中で、今までと同じようにビジネスを継続していても、経営が悪化していくことは明らかです。すると、右肩上がりの事業計画など幻想でしかありません。そこで既存事業に加え、日本の経済を支える新しい価値創造=新規事業やイノベーションが求められていることは容

易に想像できるでしょう。

なぜ日本企業のDXは進まないのか?

「おそらく、このままではダメなのだろう」という漠然とした不安は、すでに皆さんの中にもあると思います。でなければ、この本を手にとっていないのではないでしょうか。

では、どうしたらよいのでしょうか?

少子高齢化により労働力が減少する中、生産性の向上が急務となっています。新規事業やイノベーションの前に、今、目の前にある業務の効率化・自動化を通じて、生産性を高める手段としてDX（デジタル・トランスフォーメーション）が注目されています。

私は、漠然とした「DXしなきゃ」的なご相談を受けることが多いのですが、この時点で本末転倒です。なぜなら、「手段（to do）」であるはずのDXが「目的」になっているからです。

経営層が、時流に踊らされて突然DX推進を打ち出し、若手をセミナーに送り出したまではよいものの、セミナーから帰ってきた若手にAI導入を提案されたところで、AIをまったく使ったこともない、または出来の良い検索エンジン程度にしか理解していない経営層には導入の意思決定などできません。あるいは、現場のニーズを把握せず、コンサルタントに丸投げしてDXを導入してみたものの、「結果的に使われていない」「何の効果も得られていない」というのはよくある話です。

DXはあくまで「手段（to do）」であって「目的」つまり「ありたい姿（to be）」ではありません。これは、SDGsやリスキリングなど、次々と登場するキーワードにも共通することで、表層的な対処療法や外発的な施策を現場に落としたところで傷口に絆創膏を何枚も貼りつけるよう

第2章　生産性社会から創造性社会へ

なもので、本質的な課題は解決できません。

　本来のDXは、**経営者自らが内発的に自社の将来像や、世界経済、環境、テクノロジーといった環境の変化や情勢に向き合い、未来を見据えた経営戦略として「ありたい姿（to be）」の実現に向けて実施すべき「手段」**です。隣の庭に咲いているSDGsやDXを見て、「あれいいな。ウチも花を咲かせたいな」と思い立ち、そこらへんから適当に摘んできて、自分の庭に植えれば根づくというものではありません。今の自分たちが持っているアセット（＝土、肥料、天候、水質）を知って「そもそも私たちは何のために、どんな花を咲かせたいのか？」を決めた上で実行しない限り、いくら花を植えたり、種をまいたところで、花が咲くことはないでしょう。

　多くの企業に新規事業・イノベーションが求められる今こそ、世界的な視点に立ってイノベーションの本質を俯瞰しましょう。新しい価値を生み出すには、未来を見据え「ありたい姿」からバックキャストして「今」を考える必要があります。

インターネットの未来はどうなっていくのか？

　意外と思われるかもしれませんが、皆さんがイノベーションだと思っているテクノロジーが「実は、経済発展に貢献していないのではないか？」という説があります。今や世界経済の中心ともいえるGAFAMの生み出してきたものをもう一度冷静に見てみましょう。そうすることで、私たちが進むべき道筋が見えてくるかもしれません。

　1998年、YouTubeが日本でサービスを始める10年前にインターネットの広告収益がテレビの広告収益を超えると誰が想像したでしょう？

当時、私はインターネット放送局の立ち上げに携わっていました。ネットの通信速度が遅くて、まるでパラパラ漫画のような動画でした。そのため、テレビ局や映画の配給会社は相手にしてくれませんでした。

　今でこそ映画の予告編はYouTube配信などネットで観るのが当たり前ですが、当時、映画配給会社にインターネットで予告編を流したいと提案すると、「あんなものは動画ではない」ときっぱり断られ、悔しい思いをしました。それが今や、電通の「2019年　日本の広告費」で「インターネット広告費が2兆円を超え、テレビ広告費を超えた」と発表されるほど、ネットメディアは大きく成長しました。

　90年代後半からインターネットが普及し始め、2023年10月時点で世界のインターネット利用者数は53億人を超えており、世界総人口の65.7%にあたります。それだけ大きな情報のインフラと経済を生み出しているインターネットですが、その普及は世界経済にどれだけのインパクトを与えたのでしょうか？

　1980年代からインターネットの普及が世界経済にどれだけインパクトがあったのか？

　私たちの生活や経済が大きく変わるイノベーションが起きているはずなのに、意外なことに、世界の経済成長率はほぼ横ばいです（図2-2）。

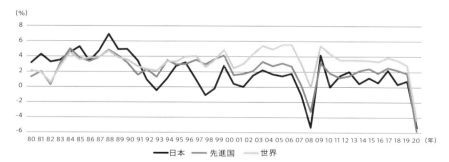

図2-2　世界の経済成長率の推移

出所: IMF

日本経済新聞（2021 年 7 月 13 日）に掲載された「デジタルのジレンマ（1）崩れる分配、消えた 500 億ドル」という記事によると、1960 年からの 20 年でアメリカの自動車産業が生み出す名目 GDP は 3.3 倍に拡大しました。一方、IT サービスは 2000 年頃から成長が始まったものの名目 GDP は米国全体の 0.5% 前後で推移しており、2019 年の時点で約 2700 億ドルで全体の 1.2% にすぎません（※）。

※出所：https://www.nikkei.com/article/DGKKZO73809690T10C21A7MM8000/

　イギリスのジャーナリストであり、経済や政治に関する多数の著作があるポール・メイソン氏は IT 技術による「第 5 の波」（※）が期待されていたほど強力でない、または到来していないと指摘しています。つまり「過去の産業革命に匹敵するような技術革新がまだ十分に経済を牽引していない」という見解です。これには「不確実性が投資意欲を減少させている」「消費者の需要が変化し、物質的な消費よりも体験やサービスにシフトしている」など、さまざまな要因があるでしょう。

　とはいえ、インターネットが登場してわずか数十年の間に地上にあったさまざまな物事がネット上に移行したことは、非常に大きな変化だといえるのではないでしょうか。

※「第 5 の波」：経済学者シュンペーターがイノベーションの周期とした「コンドラチェフの長期波動説」によれば、「第 1 の波（1780 年代〜 1830 年代）」は産業革命による機械化、「第 2 の波（1830 年代〜 1880 年代）」は鉄道と電信、「第 3 の波（1880 年代〜 1930 年代）」は電気、化学、石油産業の発展、「第 4 の波（1930 年代〜 1970 年代）」は自動車、航空、電子工学、「第 5 の波（1970 年代〜 2000 年代）」は情報通信技術（ICT）とされる。

　手紙が e-mail になり、お店が EC サイトになり、SNS 上で人々が出会い、思い出がネットに蓄積されていきます。2021 年の国際音楽産業連盟（IFPI）の報告によると、世界の音楽市場の収益の 65% 以上がストリーミングサービスによるもので、CD やアナログレコードなどの物理メディアはわずか 19.5% に留まっています。新聞は Web の情報サイトに移行し、テレビが YouTube にとって代わられ、広告媒体やメディ

ア全般がオンラインに移行しました。さらにこれから先は、お金が仮想通貨になり、人がアバターになっていき、AIの知能がオンラインに蓄積されていくでしょう（図2-3）。

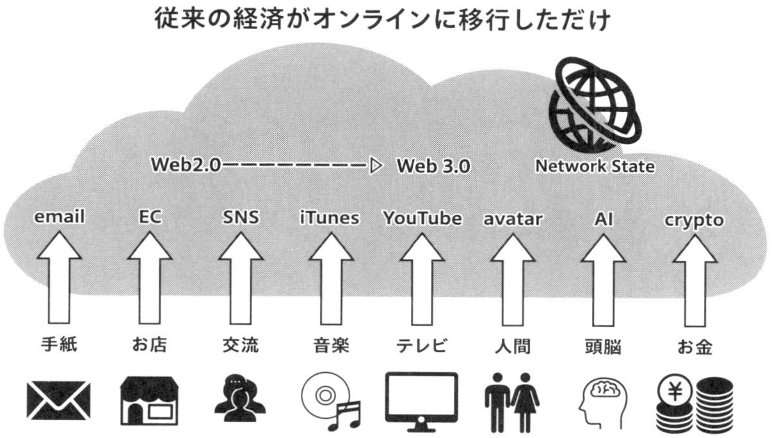

従来の経済がオンラインに移行しただけ

図2-3 リアルからネットへの移行

　しかし、これを冷静に考えてみると、地上にある多くのメディア、経済、人の営みがオンライン上に移行しただけで、実際には新しい利益を生み出していない。それどころか、地上の富がGAFAMに移動・集中しただけのことではないでしょうか？
　この中央集権的な現状のデジタル社会に対し、Web3の進化によって10年以内に、ブロックチェーンを基盤にした国境や人種を超えたオンライン上の独立国家が生まれるかもしれません。これはコインベースの元CTOのバラジ・スリニヴァサン氏が提唱している「Network State」（https://thenetworkstate.com/）という概念です。そうなったら、今までの土地や所有という概念がまったく変わり、国家という巨大なイデオロギー主体も大きな転換を迎えるでしょう。

第2章　生産性社会から創造性社会へ　　35

デジタル・ネイティブのZ世代以降の若者たちは、ネットワークにつながっていることが当たり前の生活を送っています。すでにオンライン／オフラインの境界も曖昧になり、メタバースの日常と物理的な社会がさらにハイブリッドになっていくであろう彼らの世代の経済活動を、今から想像＆創造できなければ、企業は市場での優位性を保てなくなるでしょう。

生成AIは人の仕事を奪うのか？

　オープンAIが2022年にリリースした生成AI「ChatGPT」は、公開からわずか2カ月で世界のユーザー数が1億人に達するほど急速に普及しました。世界的なコンサルティングファームのマッキンゼーによれば、生成AIの市場は、年間約367兆〜621兆円相当の経済価値をもたらす可能性があるそうです（※）。また、多くの仕事がAIに取って代わるだろうともいわれており、実際に私たちの身の回りにも影響が出始めています。果たして本当にAIが人の仕事を奪うのでしょうか？

※出所：マッキンゼー「生成AIがもたらす潜在的な経済効果」
https://www.mckinsey.com/jp/~/media/mckinsey/locations/asia/japan/our%20insights/the_economic_potential_of_generative_ai_the_next_productivity_frontier_colormama_4k.pdf

　現在、さまざまな開発会社が生成AIによる新規事業のアイデア生成の事業化を推進していますが、「なぜ、何のために、どのようにAIを導入するか？」を明確にする必要があると考えています。
　さらに大切なことは、「人とAIの領域をはっきり使い分ける必要がある」ということです。AIと人間は互いに補完的な関係にあり、それぞれの強みを活かすことで最大の効果を発揮します。両者の協働が今後の社会やビジネスにおいて新たな価値を生み出す重要な鍵となるでしょ

う。そうなると、AIが仕事を奪うのではなく、「AIを使う人」が「AIを使えない人」から仕事を奪うことになります。

　現時点でAIと人の大きな違いの1つは「プロンプト（指示）で働くか」、それとも「自発的に働くか」です。AIは指示にもとづいた作業を遂行するのに長けている一方、人間は自発的な意思決定能力と創造力に優れています。他人に指示されて指示通りに正確に実行すべきタスクはAIが担うようになり、人間には今まで以上に内発的で創造性の高い能力が求められます。

　最近では、強化学習を通じて自律的に問題を解決するAIも存在しますが、それでもなお人間の直感的な審美眼にもとづく意思決定や内発的な行動力には及びません。人間はAIなど足元におよばないほど複雑な感情や倫理観を持ち、直感にもとづいて内発的に意思決定を行なうことができます。

　『世界のビジネスリーダーがいまアートから学んでいること』（クロスメディア・パブリッシング、2018年）の著者ニール・ヒンディー氏は、「機械に職を奪われそうな人は、いかに創造的な仕事につくかを考えなければならない」と言っていますが、創造的な領域でAIは人に圧倒的に劣っているかといえば、実はそうでもありません。というのも、生成AIは「結びつける」機能に優れているからです。

　たとえば、ChatGPTに「ドラえもんが凶悪なAIになった恐ろしい物語を作ってください」というプロンプトを入力すると、次のようなストーリーを創造します。

　ドラえもんは「僕はずっとのび太くんにムダな道具を使ってばかりだったから、徐々に恨みを抱くようになっていたんだ」と言い出し、凶悪なAIになって人類の征服を企みます。のび太、スネ夫、ジャイアン、しずかちゃんは、凶悪になったドラえもんに立ち向かいます。

　このように生成AIは、瞬時に必要な要素を集め、関連性を見つけて

第2章　生産性社会から創造性社会へ　　37

結びつけ、新たに組み合わせて新しいストーリーを作り上げることにも長けています。その意味では、AI は十分に創造性を有するといえます。

　人間と AI の大きく異なる点は、人間は「何かを作り出したい」「ひらめきを形にしたい」という、内発的動機（衝動）を抱き、失敗を繰り返しながらも作り続けるということです。AI はデータをもとに既存の情報を結びつけたり、大量なデータを効率的に処理することは得意です。しかし、経験や知識の蓄積から生まれる「自分しか生み出せない」発想の飛躍や、審美眼を持ち、未知の価値を内発的に生み出し、さらに情熱を持って周囲の人たちを巻き込んでプロジェクトを推進するといったことはできません。

　新規事業のアイデアを生み出す生成 AI のエージェントシステムでは、10 台の生成 AI が稼働し、情報の収集からアイデアの発案、さらに評価までを行なえるようになっています。たった 2 人のプログラマーと 1 人のコンサルタントの 3 人で、3 カ月の間に数万件のアイデアを生み出し、それを自動評価機能で 100 件程度に絞り込むことまで可能になっています。評価基準さえ学習させれば自社独自のパーパス、ビジョン、アセットにもとづいた新規事業の評価をすることもできます。

　さて、そうなると問題は「人間が担うべき領域はどこなのか？」です。**これから人間に必要とされるのは創造性と自律的な行動、判断力とリーダシップやパッションといった「人間力」です。**チームとの信頼関係を築いて情緒的なコミュニケーションをとったり、情熱を持ってプロジェクトを推進するリーダーシップは、心と体を持たない AI にはできない領域です。今まで以上にリーダーの人間力が問われるようになっていくでしょう。

AIと共創する

　ある食品メーカーからDX推進のご相談を受けたときのことです。先方の担当マネージャーの方は「商品パッケージのデザインに生成AIを使い始めた」とおっしゃいました。私が「なぜAIにデザインを任せたのですか？」と聞くと、マネージャーはしばらく黙り込んでから「採用したデザイナーが長続きしないからです」と答えました。

　果たして、これはAIの正しい活用法でしょうか？　正直、私には疑問です。

　人手不足の問題は確かにAIに任せることで補なえるかもしれません。しかし、このメーカーの場合、AI導入の前にしなくてはいけないのは「職場環境を改善して離職を減らすこと」ではないでしょうか。人と人を結ぶ信頼関係の構築はAIにはできません。

　人とAIの棲み分けという意味で興味深い事例が、アパレルデザイナーの仕事を支援する中国のAIサービス「知衣科技（ZhiyITech：ジーイーテック）」です。同社のCEOは北京大学と米国カーネギーメロン大学でAIを学んだあとGoogleに入社。その後、知衣（ジーイー）を立ち上げ、AIに3年で10億種類以上のファッション画像を蓄積し、毎日100万種類以上の画像が新規で追加されています。中国のアパレル業界には、「4321の原則」というセオリーがあるそうです。「定番製品が4割、競合企業に対抗するための製品が3割、ブランドのオリジナリティを打ち出した製品が2割、デザイナーの個性を活かした商品が1割」という意味です（※）。

※出所：アイキャッチ「中国アパレル業界を変革するAIサービス『知衣』の機能や仕組みを解説」
https://www.sedesign.co.jp/AI-blog/AI-apparel-service-china

第2章　生産性社会から創造性社会へ　　39

今までデザイナーはデザインのすべて（10割）を担当していました。このうち7割にあたる定番商品と競合商品はデータにもとづいてAIに任せることで、残り3割のクリエイティブな自社製品のデザインに集中でき、生産性はこれまでの約3倍高くなったそうです（図2-4）。作業的な部分はAIが担い、人間が経験値の蓄積をもとに創造的な表現に時間を割くことで自社のオリジナリティを打ち出すことができます。

図2-4　知衣の商品開発

　これから人間には、**AIが生み出す膨大な最適解を自らの審美眼にもとづいて判断する能力が求められるようになります。**今まで以上に経験や試行錯誤から生まれる創造性・独創性が求められます。AIが作業を担ってくれる分、私たち人間は、今まで以上に経験やインプットを増やし、感性と人間性を磨いていく必要があります。

　このように人口減少、経済成長の鈍化、急速なAIの進化など社会が大きく変化していく「正解」の見えない時代に、既成概念にとらわれず柔軟に世の中を自分の目で見て、経験の蓄積から新たな価値を創造・想

像できる人が求められています。

　日本の学校が一番教えてくれない、直感やひらめきを生み出す「創造性」が必要になってきています。今までの「学び」は「決められた答えを暗記して答えること」で、自ら「問い」を立て、自分の目で見て感じたことを表現する力はほとんど求められることがありませんでした。人間が本来持っていた創造性も、社会の中で次第に失われてきたのかもしれません。

　経済が成長し続けている間は、上から言われたことをやっていれば、経済的にも満たされていました。ところが今、逆転が始まっています。言われた通りにやればよい仕事の大半はAIにアウトソーシングされるようになります。また、生産性よりも創造性の価値が上がってきています。多くの人が「今まで通り」は通用しなくなってきていることに薄々気がついていますが、「実際どうしたらよいのか？」「どうしたら失われた創造性を取り戻せるのか？」がわかりません。これは、大きな課題です。

世界が求めるビジネススキルの3位は「創造性」

　世界経済フォーラム（World Economic Forum）は、スイスのジュネーブに本拠を置く非営利財団で、毎年1月にスイス東部の保養地ダボスで年次総会を開催します（通称：ダボス会議）。2023年1月には国家元首・政府高官47人を含む2700人以上のリーダーが世界130カ国から集結しました。世界経済の今後の流れや見通しを測る上ではとても重要な会議です。

　ダボス会議が発表した「世界が求めるビジネススキルトップ10」の

ランキングを見ると、2015年では10位だった「創造性」が、2022年には一気に3位に上昇しています。

一方、2015年に1位だった「複雑な課題解決や解答を求める」が6位に下降しています。つまり、創造性のスキルが今まで以上に求められており、「複雑な課題解決や解答を求める」スキルがAIにアウトソーシングされていくだろうと多くの人が考えているのだと解釈できます。さらに、「仕事の未来レポート2023」によると今後5年間で、分析的思考スキルよりも、創造的思考スキルの必要性が43%も高まると報告されています（※）。

※出所：https://www.weforum.org/stories/2023/05/future-of-jobs-2023-skills/

創造性は、アートやデザインの領域だけにとどまらず、ビジネスの現場でも革新を生み出すために欠かせないスキルとして、世界的にその重要性が増しています。これからの企業は、従業員1人1人の創造的な能力を伸ばし、それを組織全体で活用していくことが求められています。

「人材」の時代から「人才」の時代へ

少子高齢化と労働力人口減少が進む中で、イノベーション創出や新たなビジネスモデルの構築など、より高度な人材スキルが求められることから人的資本経営が注目されるようになりました。人材を「資本」として捉え、その価値を最大限に引き出すことで、中長期的な企業価値向上につなげる経営のあり方が提唱されました。

今までの経済成長は、極端に言えば「同じモノを正確に量産すること」で利益をあげてきました。これが資本主義の原則です。ところが近年、世界の経済は大きな転換期を迎えました。

2021年1月、コロナ禍のさなかに開催されたダボス会議のテーマは「グレート・リセット」でした。社会全体を構成するさまざまなシステムがリセットされるほど大きな転換期だという意味です。グレート・リセット後の資本主義について、世界経済フォーラムのクラウス・シュワブ会長は次のように語っています。

「資本主義という表現はもはや適切ではない。金融緩和でマネーがあふれ、資本の意味は薄れた。いまや成功を導くのはイノベーションを起こす起業家精神や才能で、むしろ『才能主義（Talentism）』と呼びたい」

出典：日本経済新聞電子版（2020年6月3日）「資本主義の『リセット』議論を　WEFシュワブ氏」
https://www.nikkei.com/article/DGXMZO59915290T00C20A6FF8000/

　これからは**代替可能な「人材」ではなく、「人才」が産業の競争力の最も重要な要素となり、生産性を重視する時代から、創造的な才能を発揮できる環境を重視し、才能を育成する時代へと移り変わっていく**ということです。

　また、日本の総務省がAIの活用が一般化する時代に求められる能力について有識者にヒアリングを行なったところ、特に重要なのは「業務遂行能力」や「基礎的素養」よりも、「チャレンジ精神や主体性、行動力、洞察力などの人間的資質」や「企画発想力や創造性」であると判明したという調査結果を発表しています（※）。

※出所：総務省「ICTの進化が雇用と働き方に及ぼす影響に関する調査研究」（平成28年）
https://www.soumu.go.jp/johotsusintokei/linkdata/h28_03_houkoku.pdf

　生産性重視の時代は代替可能な「人材」を大量に投下してきましたが、これからは1人1人の才能を活かし、「人才」を育て、多様な「人彩」が自律して存在する「人在」の集団としての組織に変革させる必要があるのです。

第2章　生産性社会から創造性社会へ　　43

アマゾンの面接
「あなたが発明したものは何ですか？」

　アマゾンの次のエピソードからいかに同社が創造的人材を意識していたかがわかります。創業者ジェフ・ベゾス氏は立ち上げ当時の入社試験の面接の際に必ず全員に次の質問をしていたそうです。

「あなたが発明したものは何ですか？」

　あなたはこの質問に答えることができますか？

　ちょっと話がそれますが、ここで最近の私の発明をお話ししましょう。私は大の銭湯好きで打ち合わせに行った先で近くに銭湯を見つけては、ひと風呂浴びて帰ることがよくあります。通常、銭湯にはタオルや石鹸(せっけん)を持参する必要があります。とはいえ、打ち合わせのたびにタオルや石鹸を持ち歩くのでは荷物が増えます。

　そこで、私はどこにいても銭湯に入れるように、手ぬぐいに液体石鹸を染み込ませジップロックに入れて持ち歩いています。さらに無印良品の檜の香りがするアロマオイルを数滴染み込ませているので、どこの銭湯に行っても檜の香りを楽しむことができます。自分にとっては軽量化に加え、香りの付加価値があり、銭湯がいっそう楽しくなるのです。これはこれで「大いなる発明」といえるのではないかと思っています。

　エジソンのような画期的な発明や先端テクノロジーの活用といった手段だけではなく、少しでも生活を豊かにするための「ちょっとした創意工夫」や、あきらめている不便を解消するための「小さなアイデア」でよいのです。大切なことは自ら考え、どんなに小さなことであってもチ

ャレンジし、実現することです。

　アマゾンは創業当時から顧客の声に耳を傾け、不便や不自由をそのままにするのではなく、想像力と創造力を駆使して解決ができる創造的な人才を集めていることがわかります。

能力のピラミッド

　世界の経営思想家50人の1人に選ばれた著名な経営学者ゲイリー・ハメル氏は、著書『経営は何をすべきか』（ダイヤモンド社、2013年）の中で能力を6段階のピラミッドで表した「能力のピラミッド」を提唱しています（図2-5）。

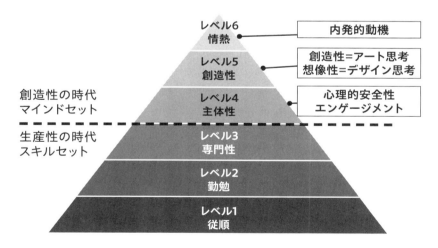

図2-5　能力のピラミッド（出所：『経営は何をすべきか』）

レベル１：従順

指示された通りにルールや手順に従うこと。

レベル２：勤勉

より良い成果をあげるために学ぶこと。

レベル３：専門性

職務に必要な専門的なスキルを身につけていること。

レベル４：主体性

課題に対し自ら積極的に行動を起こせる。

レベル５：創造性

柔軟な発想を持ち、今までにないアイデアを生み出せる。

レベル６：情熱

難しいことや逆境でくじけず、何度でも立ち上がり挑戦し続けること。

　ハメル氏はこの能力のうち、レベル４以上の人材を集めなければ組織は衰退すると言います。レベル１〜３のスキルセットは生産性の時代には最も重要視されるスキルです。日本がここまで成長してきたのは、まさにこの３つを圧倒的に追求した結果です。続くレベル４〜６がクリエイティブ・マネジメントの領域です。

　ハメル氏は『経営は何をすべきか』の中で次のように述べています。

「企業が繁栄するかどうかは、あらゆる階層の社員の主体性、創造性、情熱を引き出せるかどうかにかかっている。そして、そのためには、全員が自分の仕事、勤務先やその使命と精神面で強くつながっていることが欠かせない」

主体性と対照的なのが「他人任せ」や「指示待ち」で、さらに悪化すると「思考停止」になります。主体的に仕事に臨むには、自ら仕事を「自分ごと」化する必要があります。そのためには自由に発言できる心理的安全性と組織に対するエンゲージメント、そして仕事に対するモチベーションの高さが必要になります。
　また、創造性は既成概念にとらわれず発想を飛躍させるアート思考の領域です。そして、困難な状況であっても目標に向かい、周囲の人々を巻き込みながら新しいアイデアを実現しようとする情熱が、創造的で自律した新しい価値を生み出せるチームを作るための欠かせない要素といえます。

大きな変化の時代

　ここまでお読みいただいて、今世界は大きな転換期を迎えていることがおわかりいただけたでしょう。
　経済が成長を続けていたこれまでの生産性社会では、人口増加にともない、モノを作れば売れた時代でした。組織は大量生産に適した管理型（トップダウン形式）で、マネジメント層が意思決定を行ない、従業員に仕事の指示を出すピラミッド型階層組織でした。モノを量産する人や、お金や土地を持つ人々の社会的地位が高く、製品やサービスに付加価値をどんどん加え、「生産 → 消費 → 廃棄」のサイクルを高速に回すことで収益をあげてきました。

　一方、これからの創造性社会では、人口減少と衰退社会の到来により、モノを量産しようとしても人手不足や需要減少に直面し、先行き不透明で予測が難しいVUCAの時代となります。柔軟かつ迅速な意思決定が

できる組織構造が必要となったため、組織論は生産性重視の縦型構造から、アジャイル型組織（※）やティール組織（※）といった、並列構造の自律分散型組織に注目が集まり、今まで独占的に市場を囲い込んでいた大手企業でさえ、こぞってオープンイノベーションを推進しています。

※アジャイル型組織とは、変化の激しいビジネス環境に迅速かつ柔軟に対応できるよう設計された組織のこと。従来のトップダウン型の組織構造とは異なり、チームの自律性や顧客との密な連携を重視し、計画よりも実行を重視する点が特徴。

※ティール組織は、経営コンサルタントのフレデリック・ラルー氏が提唱した、組織の進化の最終形態ともいわれる新しい組織形態。従来の階層的な組織構造とは異なり、自己組織化や全体性、人間らしさを重視した組織のあり方を目指す。明確なヒエラルキーや上司に依存することなく、個々のメンバーが自己管理を行なう。意思決定はトップダウンではなく、各メンバーやチームが自律的に行なう。

　情報化・高度化が進むことで、従来のモノを中心とした経済活動から、知識や情報、サービスといったコトを中心とした経済活動や人的資本の重要性が高まり、サプライヤー、顧客、パートナーなどとの関係性やSNSのつながりといった社会関係資本の重要性がますます高まっています。こうしたモノを中心とした経済活動ではなく、コトや人のつながりの中で、信頼関係や協力関係を築くことが、企業の競争力向上につながる時代になりました。「生産 → 消費 → 廃棄」のサイクルから環境破壊が進み、SDGsが企業価値の免罪符になりかねない状況の中、消費者は今まで以上に本質的な価値でのつながりを求めています。

　こうした背景から、新規事業やイノベーションを生み出す創造的で独創的なアート思考や顧客の深層的なニーズから思考するデザイン思考が注目を集めています。「正解」の見えない時代の「正解」は、答えるものではなく新たに創造するものなのです。

第 **3** 章

あなたの会社で
新規事業が
生まれない理由

もし、あなたが新規事業部に配属されたら……

　文科省が毎年実施する「全国イノベーション調査」によれば、新規事業開発などのイノベーション活動に従事する会社は2015年の38%から2022年の51%まで増加しています（※）。新規事業に対する意欲は年々増している傾向がわかります。

※出所：https://www.nistep.go.jp/archives/55722

　もし、あなたが勤務先で新規事業部に配属されたら素直に喜べるでしょうか？
　不安に思う人もいれば、意気揚々と「この会社を変えてやろう！」と思う人もいるでしょう。
　企業の新規事業部は既存の枠にとらわれない、新しいビジネスモデルやサービスを生み出す挑戦的でクリエイティブな業務に取り組めるのでキャリアアップにもつながる可能性がある一方で、失敗のリスクのほうが高く、責任も重く、長時間労働でストレスも多いと感じる方も多いでしょう。
　ただし、アイデアがあっても社会的信頼が薄く、いつ力尽きてしまうかわからないスタートアップやベンチャーに比べ、ある程度大きな企業であれば、経済的にも余裕があり社会的信頼もアセットや知財も豊富で、そのすべてが利用できるわけですから圧倒的に優位なはずです。

　新規事業の立ち上げ当初はモチベーションも高く、意欲があっても時が経つにつれて不安のほうが大きくなっていきます。最初のワクワク感は不安に変わり、いつしかほかの部署から「何も生み出せない金食い虫」のように見られ、経営陣からは「いつになったら収益を生み出せる

のか？」と詰め寄られ、10年先の花形になるはずの新規事業部が、社内でも肩身の狭い部署になっているという話もよく聞きます。

　もしかして、あなたの会社ではこんなことになっていませんか？

・そもそも、新規事業部の立ち上げ方がわからない
・月並みなアイデアしか出てこない
・コンサルに丸投げしても「絵に描いた餅」のような案しか出てこない
・オープンイノベーションと言われてもどうかかわってよいかわからず、
　社内で引きこもる
・企画を提案しても「儲かる根拠は？」と言われて意気消沈
・他部署から「金食い虫」と言われて疲弊する

　新規事業の成功確率は30％以下、あるいは「千ミツ」（「1000件のうち当たるのは3件程度の確率」つまり0.3％）ともいわれ、とても難易度が高いとされています。
　いったいなぜなのでしょう？

社会や市場の変化に気がつかないミドル～シニア世代

　新規事業が失敗する理由の1つとして、「顧客が本当に求めているものは何か？」を理解しないまま製品・サービスを開発してしまうことが挙げられます。この結果、マーケットの需要と供給のミスマッチが発生し、新規事業が失敗に終わってしまいます。経営者や新規事業を担う人は本質的な市場の変化や顧客が何を求めているかをしっかりと把握しておく必要があります。

　現在の日本は、前章でも述べたように、衰退社会に入った現状を受け止め、「成長幻想」にとらわれず、成長に依存しない持続可能な社会を、今私たちは前向きに考える必要があるのではないでしょうか。

消費者は単なる物質的な満足以上に、生活の質や経験の豊かさを重視するようになりました。この傾向は、Z世代以降、さらに強まることが予想されます。リーマンショックや新型コロナウイルスのパンデミックなど、経済的な不確実性が高まる時代の中で成長したZ世代以降の価値観は上の世代のそれとは大きく異なってきています。

　かつては働けば働いた分だけお金を稼げて、高級車や高級マンションなどを手に入れることができました。しかし、もはやこのような「社会的成功」は過去の価値観になりつつあります。サブスクリプションサービスやシェアリングエコノミーが一般化し、高価な車や持ち家といった資産を所有することの重要性が薄れた若い世代は、世間からの評価よりも、自分の価値観に合った選択をすることを重視します。また、環境意識の高まりから「生産→消費→廃棄」のサイクルは持続可能な循環型経済への転換が求められています。さらに、ウェルビーイング（Well-being: 幸福度）といった質的な指標が重視されるようになり、経済活動は単なる量的拡大から質的向上へとシフトしています。

　経営者や新規事業担当者はそういった社会の背景をしっかりと把握することが重要です。私は毎回セミナーで受講生の方たちに「国際経済成長率ランキングで日本は世界198カ国の中で何番目だと思いますか？」と質問します。そこそこ名の通った企業であっても、上位50位以内（実際には150位以下）にいると思い込んでいる従業員や役員クラスの方が普通にいます。この認識は高齢になるほど高く感じます。これでは、新規事業の重要性や優先順位など判断できるわけがありません。

　ミドル〜シニア世代の人たちが生きてきた時代と今は、明らかに異なる価値観で動いています。過去の価値観・世界観のまま、自分のものさしをZ世代に当てはめて考えるのはナンセンスです。次の市場を作る世代を理解できなければ、新たな市場を生み出すのは不可能です。時代の背景にある社会の状況を理解することは、新たな価値創造の基盤にな

ります。

　新規事業開発において成功確率が高いのは、トップダウンのプロジェクトです。熱意ある挑戦を厭わない経営トップからの絶対命令ですから当然ですが、逆に、経営陣やマネジメントクラスが「うちもそろそろ、新規事業でも……」などと、「何となく新規事業」的な雰囲気では、成功確率は当然低くなります。経営者やマネジメントのみならず、組織カルチャー全体が社会や市場の変化に敏感でなければ、潜在的な未来のニーズを先取りすることは不可能です。

生産性組織の限界

「大企業病」や「過去の成功への執着」といった組織カルチャーや構造がイノベーションの阻害要因となるケースも多く見受けられます。背景となる根本的な問題は「創業者の時代」と「生産者の時代」の違いではないでしょうか。モノ・サービスが少なかった時代には「こんなものが欲しい」「こうなったらいいな」がたくさんありました。

　製品やサービスをひらめいた創業者は起業し困難の末に実現します。モノやサービスがない時代は、創業者が生み出す新しい価値は瞬く間に世の中に広がりました。「創業者の時代」は、過去における創造性社会といってもいいでしょう。

　創業者の作り上げた組織で、従業員は創業者の作ったモノやサービスを１つでも多く消費者に届けることが目的となります。つまり、0 → 1 を創った創業者と 1 → 10、10 → 100 の製造、販売する従業員（生産者）は根本的に違う役割を担っています。ずっと 1 → 10 を担ってきた人が、ある日いきなり「0 → 1 を作れ」と言われても、そもそもの能力やそれまでやってきた業務の性質が根本的に違うため、何もできないでしょう。

成長期の組織構造は1→10、10→100を目的とした生産性重視の環境を整備してきました。戦後1955〜73年の約20年にわたり、経済成長率（実質）が年平均10％前後の高い水準で成長を続けられたのは、生産性の時代の功績です。ところがモノやサービスが飽和し、人口も減少していくようになると、生産性重視では成り立たなくなってきました。それにもかかわらず、日本の多くの企業はいまだに「大企業病」や「過去の成功への執着」から抜け出せずにいます。生産性を重視した成長戦略から、価値創造戦略へと舵を切る必要があります。

新規事業を阻む3つの壁

　新規事業が生まれない理由をまとめると3つの壁が見えてきます。
　堀江貴文氏は著書『99％の会社はいらない』（ベストセラーズ、2016年）で「（日本には）異端の技術者や経営者が能力を発揮できる環境が整っていないからだろう」と指摘しています。さらに「日本の教育制度は、人材を生まれにくくしている」などとも述べています。
　また、元マッキンゼー日本支社長、現ビジネス・ブレークスルー大学学長の大前研一氏は「老人がいつまでものさばっている。世の中のスピードは何倍にもなっているのに、ついて行けていない」、つまり「古い体質や過去の成功体験にあぐらをかいている」と指摘しています。
　さらに、ジャーナリストの池上彰氏は「日本の社会は、問題意識が低く、現状維持に甘んじている。イノベーションを起こすためには、社会全体で問題意識を持ち、変化をいとわない姿勢が必要だ」と言います。

　このようにさまざまな要因が考えられます。個人の自己肯定感や創造性、モチベーションから、組織の文化や雰囲気、そして経営陣の意識ま

でのあらゆる要素が関連し、どれか1つが改善されただけではイノベーションが生まれない状況になっています。それをまとめると、次の「3つの壁」が存在していると言えるでしょう（図3-1）。

①個人の壁
②チームの壁
③経営者の壁

それぞれを詳しく見ていきましょう。

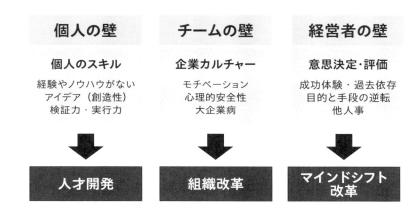

図3-1　新規事業を阻む3つの壁

1　個人の壁

　帝国データバンクのアンケート調査によると、新規事業がうまくいかない原因として47%の企業が「能力のある従業員の不足」と回答しています（※）。

※出所：Biz/Zine「新規事業とは"新しい組織能力"の獲得である──組織に"非イノベーション構造"を生み出す元凶とは？」https://bizzine.jp/article/detail/5718

第3章　あなたの会社で新規事業が生まれない理由　　55

新規事業において特に重要なのは、斬新なアイデアを創出する能力です。創造性をフル活用して良いアイデアをたくさん生み出すには、多くの引き出し（アイデアの「種」）と既成概念にとらわれない柔軟な思考が必要となります。

　一般企業の通常業務では、与えられたノルマや作業をこなす業務や対人的な営業スキルが求められることが多く、販促企画的な部署や広告代理店のクリエイティブ部門などでもなければ、「アイデアを生み出すスキル」はそれほど重要視されませんし、求められることも滅多にありません。そんな中で、会社からの一方的な命令でいきなり新規事業部に配属されたとしたら、本人は「やらされている」ように感じてしまうでしょうし、そのためプロジェクト推進に意欲的に取り組めないことになりがちでしょう。こうした個人のマインドの問題も新規事業の立ち上げを阻む一因となります。

2　組織（チーム）の壁

　仮に、自由な発想でアイデアを生み出せて、なおかつモチベーションが高い意欲的な人材がチームにいたとしても、会社全体が新規事業に無関心だったり、「失敗が許されない」という圧力が強く、誰もがリスクを恐れて積極的にアイデアを出せない環境だったり、「アイデアに対して正当に評価しない」「そもそも挑戦することに否定的」な環境だったりすると、創造性やアイデアが抑制されてしまい、能力は発揮できません。

　もし、あなたが新規事業チームを編成するとき、2度失敗した人と3度失敗した人がいたら、どちらを採用しますか？

　シリコンバレーのIT業界では、失敗経験を持つ起業家は高く評価されることがあります。「どれだけ失敗したか」が肯定的な評価基準に含まれるということです。

　もちろん、失敗経験を活かせるのが大前提ですが、失敗経験のない人

は失敗に気づかずプロジェクトが進行してから、取り返しのつかないリスクを生む可能性があります。

　ちなみに、ユダヤ人の多数決では全員一致で賛成した場合、一度否決するという話を聞いたことがあります。「誰も危険性やリスクに気がついていないかもしれない」という理由からだそうです。

　現在、私自身が多くの新規事業の相談や伴走支援で業種業態、組織の文化に関係なく対応できるのは過去の失敗事例の数々があるからです。本当に失敗させてもらえてよかったと思っています。新規事業のチームには失敗を許容する文化が必要です。

　つまり、個人の能力だけでなく、個人の能力を活かし切れていない組織や企業文化にも問題があるのです。こうした状態が続けば「どうせやってもムダ……」「とりあえずやっておけばいいや……」といった、あきらめや無力感がチームメンバーのモチベーションを下げてしまいます。

3　経営者の壁

　私が企業から新規事業開発の支援依頼を受けるにあたっての条件の1つが「トップとのコミットメント」です。トップダウンのプロジェクトの成功確率はボトムアップに比べて高まります。トップが新規事業の重要性をしっかり理解し、ビジョンが浸透していれば、意思決定プロセスも迅速になります。

　また、中長期的な視点に立ち、ビジョンにもとづいて意思決定を行なうことができます。加えて新規事業開発にかかわるメンバーの既存事業との兼任を減らし、新規事業に専念できる体制を作り、ほかの部署とも風通しが良い環境を構築することで、参加メンバーはストレスなくプロジェクトを進行できます。

それに対して、たとえトップダウンであっても、新規事業の目的、意義、目標などを社内にきちんと説明することもなく、理解を得られない状態のまま、一方的にプロジェクトを開始してしまう場合はうまくいきません。

　経営層が「明確なビジョンを持っていない」、あるいは「社員とビジョンを共有できていない」といった場合は、失敗する確率は非常に高まります。たとえば、アイデアは出せるが実務経験に乏しい若手に丸投げしたり、外部のコンサルタントに丸投げする場合などです。
　このように、経営者が中長期的な新規事業の重要性を軽視し、「やらせておこう」といった態度では、うまくいきません。あるいは、「新規事業を推進しろ」と現場には言いつつも、経営層が保守的な姿勢で既存事業に固執し、新たな挑戦やリスクを回避する、いわゆる「アクセルを踏みながらブレーキを踏む」傾向がある場合も現場がどれだけがんばっても新規事業開発はうまくいかず、徒労に終わります。こうした状態が続くことで、新規事業はいつまでたっても生まれず、既存事業が衰退したときに、会社の存在そのものが危うくなりかねません。
　予測不能な衰退に向かう今の社会で事業を維持するには、経営陣が自ら新規事業の重要性を理解し、新規事業部を信頼し、持続可能な組織への扉を開く必要があります。

　これとは反対に、現場からのボトムアップの場合、基本的に経営層は新規事業の必要性を何となく課題だと感じているが、「実際にどうしてよいか正直わからない」という状態だったり、明確なビジョンがないため「とりあえず既存事業だけではまずいので、何か新しいことをやらねば……」というフワッとした気持ちで新規事業部を立ち上げることがあります。
　このような場合は、新規事業部の側から「なぜ新規事業が必要なのか？」を自ら定義し、明確なパーパスやビジョンを提示していきながら

スモールスタートで少しずつ成果を経営陣に見せていく必要があります。

たとえば、新規事業部自体が外部から評価されるようにしたり、他部署との協業関係を築いていくといったことです。具体的には、トライアルの段階でもプレスリリースを出したり、他部署との関係を友好的に築いて徐々に仲間を増やし、外堀を固めていきます。さらに、経営陣に進捗を常に共有し、少しずつ経営陣を共犯者・共感者にしていくようにすることが大切です。

新しいことを生み出す人材に求められるスキルとマインド

さまざまな視点から課題の多い新規事業開発ですが、まずは「個人の壁」から考えていきたいと思います。新しい価値を生み出す人である新規事業の「人材」に必要なスキルとマインドは、既存事業では求められない総合的な能力です（63ページ図3-2）。

創造的思考能力（クリエイティビティ）

クリエイティブな人たちには共通の思考プロセスが存在しています。彼らは一様に**探求心や好奇心が旺盛で、日常の中で起こる出来事に対して敏感であり、その1つ1つに疑問を持ち、多くの「問い」と自分なりの解釈を蓄積しています。そして、それらを既存の枠組みにとらわれず、視点を変え柔軟に結びつけ、新しい発見・発想をして、独創的なアウトプットを生み出します**。「自分には創造的なスキルがない」と思っている人でも、クリエイティブ人材の思考の癖を習慣として身につけることで創造性は確実に向上します。

第3章　あなたの会社で新規事業が生まれない理由

創造的精神力（クリエイティブ・マインド）

　クリエイティブな人は失敗を恐れず、試行錯誤を繰り返し、自らの想いを情熱的に追求します。スティーブ・ジョブズ氏は、インタビューで「何かを成し遂げるには情熱が必要だ。（新しい価値を作り出すことは）とても大変なことだから、情熱がなければ普通の人は途中であきらめてしまう」と語っています。プロジェクトを成功させるには、「やらされ仕事」ではなく、内発的な「自分ごと」として主体的に取り組む姿勢が必要です。失敗を重ねながらもプロジェクトを続けるには、仕事そのものが楽しく、ワクワクするものであり、やりがいを感じられることが必要です。さらに、「自分の仕事が社会にどのように役立つのか」「自分の成長につながっているか」といった価値を見いだせなければ、モチベーションを保つことは難しいでしょう。

　本書を読んでいるあなたが、新規事業開発の経験がゼロで、これから立ち上げようというのであれば、あなたはまだプロ野球の試合に出場したことがないアマチュア選手みたいなものです。仮にイノベーションがプロ野球の試合における満塁ホームランやファインプレイだとすれば、まず必要なことは無数の素振りや打撃練習であり、1000 本ノックです。新規事業開発でいえば、1000 個のアイデアを発想し、考え抜く必要があります。

　米大リーグの通算本塁打数で歴代 2 位の記録を持つハンク・アーロン氏（1934 ～ 2021 年）は、貧しい環境に育ち、ゴミが散乱するストリートで見つけた廃材でバットを作って野球をしていたそうです。父親に「プロ野球選手になる」と言うと「黒人にはムリだよ」と首を振られたそうです。彼が生涯に記録したホームランは 755 本ですが、通算で 1 万 3941 回打席に立っているので、ホームランの確率はわずか 5.42% です。つまり、ホームランを打つのは、それだけ大変なことなのです。

また、スティーブ・ジョブズ氏がスタンフォード大学の卒業式において「Stay hungry, stay foolish」という言葉でスピーチを締めくったのはよく知られています（ジョブズが好んでいた雑誌「Whole Earth Catalog」最終号の裏表紙に書かれていた言葉で、ジョブズ氏はそれを引用）。「hungry」は、どんな環境でも現状に妥協せず、常に新しいことを学び、挑戦し続けること、「foolish」は、既存の枠組みや常識にとらわれず、他人に何と言われようともやり続ける姿勢だと私は解釈しています。

　新規事業を成功に導くために必要なことは、アイデアの多産多死です。他人に「イノベーションなんて君にはムリだよ」と言われても、めげずに何回打席に立てるか。つまり、どれだけ多くのアイデアと工夫を積み重ね、ワクワクした気持ちを持続できるかが重要になります。

実行力（コミュニケーション・スキル）

　自分の思いを形にするためには自分1人の力では実現できません。

　チームリーダーにはメンバー1人1人の能力を引き出し、最大限に発揮させるためのコミュニケーション能力が必要とされます。信頼できるチームと共創するためには、自分が「何を目指しているのか」「どんな価値を生み出したいのか」といったビジョンを共有し、対話を通じてメンバーの共感を引き出し、信頼関係を深める必要があります。ときには対立する意見の持ち主と根気強く向き合い、互いに納得し、合意できるネゴシエーション能力も必要になります。1つの思いを実現するためには、日常や業務の中でも少なからず行なっているコミュニケーション能力を最大限に発揮する必要があるのです。

　アイデアを実現するにあたり、情熱的に語ることはとても大切ですが、それだけでは経営陣は首を縦に振ってくれないでしょう。「なぜ、それ

第3章　あなたの会社で新規事業が生まれない理由　　61

に価値があると思うのか？」「自社が取り組む意義はあるのか？」「事業としての収益性があるのか？」「将来性があるのか？」「誰にどうやって売るのか？」など、経営陣が抱くであろう疑問に対して、客観的な根拠とともにわかりやすく説明するための論理的な思考力も必要になります。

　新規事業は、単にアイデアを出すだけではなく、それを実現するための多くのプロセスが求められます。具体的には、事業化に向けたスケジュール管理、コスト調整、人材の配置・育成、アイデアを多産し、仮説を立てて検証し、事業計画を立てるところまで、幅広い業務に対応しなければなりません。これらは一部署の少人数のスタッフが、まるで1つの企業全体を立ち上げるような役割を担うことを意味します。

　そのためリーダーは全体像をしっかり把握し、方向性を示す必要がありますし、メンバー1人1人も自分の能力を最大限に発揮し、自律的に判断し、行動する力が求められます。

　このように新規事業の立ち上げは、非常に多くのスキルと労力と責任をともなう業務なのです。

　もしかしたら、この時点で怖気づいてしまう人もいるかもしれません。それでも、達成できたとき、かけがえのないスキルが身についていることに気づくでしょう。1人では成し得ない、挑んだ人にしか得られない一生ものの宝になります。

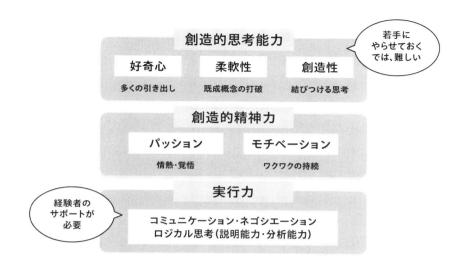

図3-2　新規事業開発に求められるスキルとマインド

第 **4** 章

アート思考

アート思考とは何なのか?

　私は新規事業を立ち上げるときは常にアート思考、デザイン思考、ロジカル思考の3つの思考法を併用してアイデアを実現してきました。そして、この思考法の組み合わせを「クリエイティブ・マネジメント」と名づけました。この章からは、3つの思考を1つずつ説明していきます。まずはアート思考から始めます。
　「クリエイティブ・マネジメント」の起点となるのが「アート思考」です。アート思考の最初の提唱者を特定するのは難しいのですが、スタンフォード大学で教育学と芸術教育の教授を務めたエリオット・W・アイズナー氏が、「芸術的なプロセスや思考方法が教育や学習において重要な役割を果たす」と提唱したことが、一説によればアート思考（Art Thinking）の発端といわれています。
　その後アート思考は、デザイン思考やクリエイティブ思考と並んで、ビジネスの分野で注目されるようになりますが、アートや創造性の解釈、それを扱うアート思考も個人の感性を主軸にした直感的な思考であることから根拠が曖昧であるため、定量的・論理的な説明が難しく、さまざまな解釈・視点があります。そのため私の解釈が必ずしも正解とはいえないのですが、私が提唱するアート思考は、芸術作品の対話型鑑賞や「絵画を描いてみよう」といった美術の実践や教育的な視点とは異なります。ビジネスに実装可能な視点から、今ビジネスに必要とされる創造性やアーティスト・マインドの重要性についての思考のプロセスです。それをこれからお伝えします。

　アート思考がビジネスの領域で認識されてから、アート思考の書籍が何冊も出版されたり、セミナーも多数開催されています。アート思考の

セミナーでは芸術作品の対話型鑑賞がよく行なわれますが、1〜2回絵画を鑑賞したからといって、すぐに新規事業のアイデアやイノベーティブなひらめきが浮かぶわけではありません。もちろん、教育や教養としてアート作品と対話することは感性を高めますし、新しいものの見方や、創造性を養うことができます。また、それをきっかけに自ら芸術的な表現を実践し始める人もいるでしょう。そのこと自体は素晴らしいのですが、もしアート思考をビジネスに導入したいのであれば、次のことを考えなければいけません。

それは、**「あなたは鑑賞者なのか？ それとも表現者なのか？」**です。言い換えれば、他人軸に立った傍観者、鑑賞者の側に立っているのか？それとも、自分軸で自ら新しいものを創造する表現者の側に立つのか？鑑賞者であることをいくら続けていても作品は生み出せません。大切なことは自らが表現者の側に立つことです。ビジネスに置き換えれば、**「指示されて働く従業員なのか？ それとも、創業者や起業家として自分起点で新しい価値を生み出す立場なのか？」**です。

ビジネスの文脈で語られるアート思考は、イノベーションや新規事業のアイデアを生み出す創造力のスキルと内発的な情熱やモチベーションといったマインドセットの2つを意味します。それはあたかも芸術家が今まで見たことのないような作品を生み出す創造性と、作品を作り続ける強い意志と熱量のようなもので、これこそがビジネスにおけるアート思考だと私は解釈しています。

『新規事業を必ず生み出す経営』（日本経営合理化協会出版局、2023年）の著者で新規事業家としても有名な守屋実氏は、新規事業で大切なことは「本当にやりたいのか」という内発的動機と、うまくいかなくても「それでも心が折れずにがんばれるか」という強い意志や熱量だと語っています。

多くの起業家やイノベーターはまるで子どものように、新しいアイデアに目を輝かせ、情熱的に語り合い、日夜、研究や思考に没頭し、試行錯誤を繰り返しながら、情熱を燃やし続けています。芸術家と起業家・

イノベーターに共通するのは、創造性のスキルセットと情熱的なマインドセットです。

　アート思考が論じられるとき、一般的には「ビジネスで成功する人はアートから学んでいる」という認識が根底にあります。しかし、私自身は「学んでいる」というよりは、むしろ「ビジネスで成功する人は創造性とアーティスト・マインドを持っている」と解釈したほうがしっくりくると思っています。つまり、ビジネスの文脈におけるアート思考は、**芸術家のような創造性と情熱を持ちつつ、アートの対極にあるビジネスの客観的な視点や論理的な思考力を併せ持つ人材**がイノベーションを牽引していくということです。

　アート思考はまだ新しい分野で、その効果を実証する研究が不足しているため、学術的には理論的枠組みが完全には定義されていないという批判もあります。定量的ではなく、明確な定義もないことで、さまざまな捉え方が生まれています。ビジネスの視点から見れば、抽象的な概念に留まり、「具体的な成果や実用的なアウトプットを生み出せない」「精神論や感覚的で曖昧なもの」「ビジネスに必要な論理性や計画性が欠如している」と考えられがちです。また、芸術家のような一部の特殊な人が持つ才能であって、一般のビジネスパーソンが会得するにはハードルが高く、合理的な正解（利益）を求めるビジネスとは対照的な概念とも考えられがちです。

　また「アート」と聞くだけで、「よくわからない」「難しそう」「馴染みがない」と感じたり、現代アートに至っては「理解不能」と扉を閉ざしてしまう人も多いでしょう。

　上記を踏まえて、さまざまな新規事業を手がけるにあたり、私自身の経験とアーティストや起業家・イノベーターが持つ特性からアート思考について解説します。ここでは、アーティストと起業家・イノベーターの持つマインドと創造的な思考のスキルからアートとビジネスの共通点について考えていきます。

アート思考が注目された経緯

　アート思考の歴史から見ていきましょう。
　ビジネスの世界でアート思考という概念を世界的に広める重要な役割を果たしたのがエイミー・ウィテカー氏の著書『アートシンキング』(ハーパーコリンズ・ジャパン、2020年)です。この書籍は2016年7月に原書が出版され、その後2020年2月に日本語翻訳版が出版されることで、ビジネスの世界に浸透し始めました。
　ウィテカー氏の定義によれば、アート思考とは、「芸術家のように創造的な思考法をビジネスや問題解決に応用するアプローチ」であるとされています。『アートシンキング』は、イギリスで発行されている経済紙「ファイナンシャルタイムズ」をはじめ、多くのビジネス系メディアで取り上げられ、アート思考がビジネス界で広く認知されるきっかけになりました。

　アート思考が日本で注目を浴び始めたきっかけとなったのが、2017年に出版された山口周氏の著書『世界のエリートはなぜ「美意識」を鍛えるのか？　経営における「アート」と「サイエンス」』(光文社新書、2017年)です。「ビジネス書大賞　2018年大賞」「日本経済新聞　2017年ビジネス書ランキング1位」なども受賞し、経営コンサルタントとして豊富な経験・知見を持つ山口氏の著書ということもあり、影響力も大きく、ビジネスパーソンの注目が集まりました。
　山口氏は、従来のビジネス手法に加えて、アートや美意識が経営において重要な役割を果たすと説きました。VUCAの時代、論理的なロジカル思考だけではイノベーションは生まれない、「直感と感性、つまり意思決定者の『真・善・美』の感覚にもとづく意思決定が必要」だと説

きました。また、海外では 10 年ほど前からグローバル企業の幹部が美術系大学院でトレーニングを受けていたり、ビジネスエリートたちがギャラリーに通って「美意識」を鍛えていたりすることや、優れた経営者はコンサルタントではなくデザイナーやクリエイターを相談相手にしていることなどを紹介し、日本の読者に強いインパクトを与えました。

　現代のビジネス環境は非常に複雑で変化が激しく、従来の論理的なアプローチだけではさまざまな課題解決が難しい状況の中、「論理と理性」よりもアーティストの持つ「直感と感性や美意識」が複雑な問題に対処するための柔軟な思考法として注目され、多くの経営者・ビジネスパーソンがアート思考を経営戦略に取り入れようと意識し始めました。

　スティーブ・ジョブズ氏も同様に「最も大切なのは自分の直感に従う勇気を持つことです。直感はあなたの本当に求めることをわかっているものです」と語っています。ジョブズ氏はテクノロジーと創造性を結びつけ、その信念をアップルコンピュータに注ぎ込みました。

　こんな逸話があります。最初のマッキントッシュが誕生したとき、「本物のアーティストは、作品にサインをする」と言って開発チーム全員のサインをマックの本体ケースの内側に刻み込みました。ジョブズ氏にとってマックは製品であると同時にアート作品でもあったのです。そんな彼の思想が今も「世界で最もイノベーティブな企業」に受け継がれているのです。

　2020 年に発表されたボストン・コンサルティング・グループ（BCG）のレポート「企業における経営戦略としての人材戦略及び本質的分野における学びの推進に関する調査」（経済産業省による産業経済研究委託事業）によれば、アート思考は「創造的な問題解決や革新を促進するための重要な手法」として定義されています（※）。アート思考は、企業がイノベーションを生み出すための重要な要素とされ、従来の枠組みにとらわれず、革新的な製品・サービスを開発するための創造的なアプロ

ーチとして認知されるようになりました。

※出所：https://warp.da.ndl.go.jp/info:ndljp/pid/13731735/www.meti.go.jp/meti_lib/report/2019FY/000634.pdf

　そして、2020年に刊行された山口周氏の著書『ビジネスの未来　エコノミーにヒューマニティを取り戻す』（プレジデント社）には、物質的な豊かさが飽和状態となった今、経済合理性、つまり利益や価値の追求（端的に言えば「儲かる、儲からない」）ではなく、「アーティストが、自らの衝動にもとづいて作品を生み出すのと同じように、各人が自らの衝動にもとづいてビジネスに携わり、社会という作品の彫刻に集合的にかかわるアーティストとして生きることが求められている」とあります。「生産性重視の社会から人間性に根ざした本質的で創造的な社会の再構築が求められている」という考え方には、私もとても共感しました。
　私たちは先人たちが作り上げた安全で物質的に満たされた社会の恩恵に感謝しつつ、一方で急激な人口減少と経済の衰退、生成AIの急速な進化に柔軟に対応し、本質的な豊かさの再定義と思考のパラダイムを再構築する必要があるのです。

私にとっての「アート思考」

　「アート思考」の理解を通じて、今までビジネスで実践してきたことと、今ビジネスに必要とされ始めたアーティストの創造性を生み出す思考のフレームワークとアーティスト・マインドが私の中で結びついたのです。経営理論も事業構想も、開発における技術的な知識も乏しい私がプロジェクト・マネジメントに取り組む際に、いったい何に頼ってきたか？　それは「直感と感性」と「論理と理性」といった対極的な思考を行き来するの思考パターンでした。新規事業のアイデアを作品のように

思い、内発的に思い描いた未来の姿にワクワクする創造性と、失敗を恐れずトライアル＆エラーを続けるマインド、そして、実現に向け客観的かつ論理的に思考してきたことが間違っていなかったと思えるようになりました。

　ここで少し私の身の上話にお付き合いください。
　私は日本大学の芸術学部を卒業してから、数年間アルバイトでお金を稼いではバリ島やインド、ネパールを旅するという生活を送っていました。表向きの体裁としては宗教学や文化人類学のフィールドワークでしたが、今思えば現実逃避の一面もあったと思います。そんな生活を送っていたある日、超能力研究所からヘッドハンティングされ、社会人最初の就職先は超能力研究所となりました。「目には見えない人間の能力を証明したい」という思いで勤めていましたが、超能力研究所は2年で倒産しました。
　その後、「人間の持つ見えない力を解明するにはテクノロジーの力が必要だ」と気づき、インターネットの世界に没入しました。すると、「むしろテクノロジーのほうが、よほど超能力なのではないか」と感じるようになりました。
　1960年代に現在のインターネット社会を予言した「グローバル・ヴィレッジ」の概念を提唱したメディア理論家のマーシャル・マクルーハン氏は著書『メディアはマッサージである』（河出文庫、2015年）の中で「あらゆるメディアは人間の心的もしくは身体的な拡張である」と述べています。ここで言う「メディア」はテクノロジーに置き換えることができます。つまり、私たち人間は心身をテクノロジーによって拡張しているということです。実際、私たちはすでにテクノロジーという超能力を手に入れ、日常的に使っています。そこで私は、心や体の拡張がどこまで進化するのか、その果てを見てみたくなったのです。

　次の仕事は、現在イーロン・マスク氏が手がける「Starlink（スター

リンク）」のような衛星インターネットでした。このプロジェクトもごく短い期間で打ち切りとなりました。その後、1998年頃にはインターネット放送局のプロデューサーになりました。30代までは、参加したすべての事業が1～3年以内に撤退、もしくは倒産しました。

　2001年頃、音楽配信の「メディアラグ」というベンチャー企業のプロジェクトに携わりました。立ち上げ当初、スタッフには音楽業界の関係者やミュージシャンが多く、今思えばかなり自由な組織でした。当初は音楽配信のみでしたが、時代の先を行きすぎたせいで自社の配信を止めて、デジタル著作権管理業務に業態を変えて、ファミリーマートの端末やトヨタ自動車の車載端末に音楽を提供していました。

　こうしたさまざまな経験と失敗のおかげで、自分の中に失敗に対する耐性と失敗パターンのケーススタディーの蓄積ができました。そして**失敗の数を増やすことは、成功確率を上げるための最も効果的な経験とスキルである**ことが実感できました。

　社会人人生の最初からスタートアップやベンチャーをわたり歩き、撤退、解雇、倒産を経験した私は企業の持続可能性を信用できなくなっていたため、年俸制のフリー契約エージェントという働き方をしていました。ちなみに、私は大手の新規事業開発を何度も経験してきましたが、これまでに一度もボーナスをいただいたことはありませんし、有給休暇もとったことがありません。辞めたいときに辞められる一方で、売り上げがなければ減俸もしくは解雇という契約だったので、「仕事をもらおう」などと待っていると早々に解雇されます。ですから、やりたい仕事を自分で創り出すか、興味を持ったプロジェクトを企画からプロジェクト・マネジメントまでを請け負うといった業務形態でした。

　私は、新規事業をゼロから立ち上げることがやりたかったので、プロジェクトが事業化の段階に入ると、手を引くといったことを繰り返してきました。それは芸術家が作品が仕上がると次の作品に取り組むように、

第4章　アート思考　　　73

事業化されると、その事業に興味がなくなってしまうからでした。私にとって仕事は作品みたいなものでした。多くの事業はデザイン思考、つまり人（消費者）が求める正解が起点になりますが、私の場合、自分がやりたいことが仕事の起点になっていることが多かったのです。

　1つの仕事を離れるたびに、次のワクワクするプロジェクトを探して情報と社会の変化を探索するということを繰り返しました。そんな調子ですから、数十億円のプロジェクト・マネージャーを勤め上げても、その業績には興味がなく、また次のワクワクするプロジェクトを探すフリーターのような生活をしていました。

　ところが40代の初め頃、トヨタ自動車のメタバース事業の立ち上げでクリエイティブ・マネージャーを勤めたときに激務が続き、体調を崩して3週間ほど入院し、同時にメンタルもかなり弱ってしまったため、すべてのプロジェクトから離脱しました。そのあとは仕事に就かず、1年ほどフラフラしていました。さすがにお金が底をつき、妻から離婚を言い渡されたこともあり、翌日から宅配便のバイトを始め、家計を建て直すことになりました。

　そんな私も50歳の半ばをすぎて、やっと自分を肯定できるようになりました。新規事業の立ち上げの現場における要求は厳しく、まるで拷問のようでしたが、あの辛い時期がなかったら今の自分はなかったでしょう。困難な状況を乗り越える発想力、責任感、実行力は、その時期に身につきました。すべては、やりたいこと、ワクワクすることだったからこそ何とかなったのだと思います。

　この経験を通して言えることが2つあります。
　1つは、**「人間は追い詰められないと自身のポテンシャルを最大限に引き出せない」**ということです。「この程度でいいか……」という気持ちで仕事をしていると、その程度の成果しか出せない人になってしまうでしょう。
　もう1つ大事なことは、とても厳しく、辛い現場に放り込まれたときに**「成長のチャンス」**と捉えることです。もちろん、あまりに不条理な

環境であれば辞めてもよいと思います。しかし、「その事業は客観的に考えて正しい。だからこそ、これほど厳しいのだ」と判断できたら、挑むほうがいいでしょう。辛い時期を乗り越えると、知らぬ間に創造力、説明力、判断力、実行力が身についています。ハードルが高ければ高いほど高度な能力が身につきます。そして、その能力は仕事だけでなく、人生も豊かにしてくれます。

　日本でアート思考が注目され始めた 2018 年頃、私は京都造形芸術大学（現・京都芸術大学）芸術学部教授の早川克美先生の依頼で、同大学の非常勤講師になりました。「縄文から AI への芸術進化論」というテーマで、岡本太郎氏が「とてつもない美学」と表現した縄文式土器から、「メディアのすべてが人間の身体器官の拡張である」と主張したマーシャル・マクルーハン。テクノロジーとアートを融合させ「メディア・アート」を生み出したナム・ジュン・パイク。そして、AI そのものが生み出すアートまでを取り上げ、さらにはグロービス経営大学院から講師も招いてビジネスと創造性の接点などについて講義しました。

　早川先生の依頼内容は「さまざまな新規事業やイベントをプロデュースし、自らもアーティストである柴田さんの視点で、現在進行形のアートシーンを切り取って語ってほしい」というもので、以後 3 年にわたり「正解の見えない時代にアートの役割は何なのか？」「ビジネスの現場でどのようにアーティストのようなモチベーションや内発的動機を活かすことができるか？」、そして「テクノロジーの進歩と人間の関係」などについて考察する機会を得ることができました。

　アートからビジネス、テクノロジーという広範囲にわたるテーマを講義するために、自分が大学の教壇に立つなどとはまったく思ってもいませんでした。私にとっては、学び直しと、これまで身につけてきた知識、固定観念、思考パターンを意識的に手放すアンラーンの機会になりました。恥ずかしながらその頃までビジネス書なるものを一度も読んだことがありませんでした。

第4章　アート思考

新規開発の現場では、ただがむしゃらに試行錯誤を繰り返し、何とか形にしてきただけで、ロジカル思考やデザイン思考などのビジネスフレームワークを体系的に学んだ経験は一切ありませんでした。講師として人前で話す上で、「自分の考えや実践してきたことは本当に正しいのか？」を確かめるために、ビジネス書を読みはじめました。その中で出合ったのが、ダニエル・ピンク氏の『ハイ・コンセプト』でした。私にとってはアート思考のルーツともいえる本です。

『The MFA（美術学修士）is the New MBA（経営学修士）』

　『ハイ・コンセプト』は、ピンク氏が 2004 年に「Harvard Business Review」誌で発表した論文『The MFA is the New MBA（美術学修士は新しい経営学修士である）』がもとになっています。従来のビジネス教育である MBA に対して、クリエイティブな思考が 21 世紀の経済においてますます重要になるという主張を展開しています。注目すべきは、2006 年の時点で右脳と左脳の関係、そして「ハイ・コンセプト」と「ハイ・タッチ」という 2 つのキーワードを中心に、新しい時代に必要な創造的なビジネススキルを解説している点です。

　従来の経済においては、論理的で分析的な思考を司る左脳のスキルが重視されていました。これは、過去のデータを分析し、物事を客観的に解析して根拠から結論を導き出す能力です。20 世紀の工業化社会では、こうしたロジカルで直線的な左脳的スキルが経済成長に貢献しました。
　しかし、ピンク氏は、21 世紀は左脳的スキルだけでは不十分であると指摘しています。技術の進歩とグローバル化、複雑化する社会では従来の左脳的スキルだけでは競争力を保つことが難しくなってきたと述べ

ます。また、単純な作業や分析的でロジカルな仕事はAIにアウトソーシングされることをこの時点ですでに予見していました。

　一方、右脳は直感的で創造的な思考を司ります。これは、物事を全体的に見る力や、異なる要素を統合して新しい視点や価値を生み出す能力を含みます。未来をリードするスキルは、何かを創造できる人や、他人と共感できる人、つまり芸術家や発明家の持つ感性的なスキルです。ピンク氏は、この右脳の直感的で創造的な思考が未来の経済において不可欠であると主張しています。

　さて、のちの第8章で詳しく説明しますが、最新の脳科学では、右脳と左脳といった部位による区別ではなく、創造的で内発的なデフォルト・モード・ネットワーク（DMN）と計画的で客観的なエグゼクティブ・コントロール・ネットワーク（ECN）という2つの機能のバランスで脳の創造性を解説することが主流となっています。ただし、この当時に左脳と右脳の関係性に着目した点は特筆すべきだと思います。

『ハイ・コンセプト』の中核となる「ハイ・コンセプト」と「ハイ・タッチ」は、これからのビジネスに必要な2つの重要なスキルを示しています（次ページ図4-1）。
「ハイ・コンセプト」とは、創造的な思考や新しいアイデアを生み出す能力や芸術的で感情面に訴える美を生み出す能力です。複雑な問題に対して革新的な解決策を見つけ出し、異なる分野や視点を組み合わせて新しい概念を創出するスキルです。これらの能力はデータ分析や論理的な思考では得られない、新しい視点や価値を提供する力として重要です。
　一方「ハイ・タッチ」は、他人の感情やニーズを理解し、共感する能力です。単に機械的にデータを処理するのではなく、人間の感情や関係性を大切にして人間関係の機微を感じ取る能力や他人が喜びを見つける手助けをする能力です。

第4章　アート思考

ハイ・コンセプト　　アート思考的要素…内発的要因

- チャンスを見いだす能力
- **芸術的**で感情面に訴える美を生み出す能力
- 人を納得させる話のできる能力
- バラバラな概念を**組み合わせて新しい概念を生み出す能力**

ハイ・タッチ　　デザイン思考的要素…対外的要因

- **他人と共感**する能力
- 人間関係の機微を感じ取る能力
- 自らに喜びを見いだし、他人が喜びを見つける手助けをする能力
- 日常的な出来事についてもその目的や意義を追求する能力

図4-1　「ハイ・コンセプト」と「ハイ・タッチ」

「ハイ・コンセプト」は内発的で創造的なアート思考、「ハイ・タッチ」は他者のニーズを共感から洞察するデザイン思考と置き換えることができます。

ピンク氏はこの2つのスキルが、未来のビジネスや生活において重要な役割を果たすと強調しています。従来の左脳的スキルに加えて、右脳的な「ハイ・コンセプト（＝アート思考）」と「ハイ・タッチ（＝デザイン思考）」の能力を磨くことが、21世紀における成功の鍵であると解釈できるでしょう。ピンク氏は、こうしたスキルは個人の幸福や社会の進歩にも関係し、持続可能な未来を築くために欠かせないと言います。

アート思考が注目を浴びた背景と資本主義の限界

『ハイ・コンセプト』の刊行から約10年以上経ち、国内外で「アート思考」をテーマにした書籍が出版され始めました。たとえば、山口周氏は『世

界のエリートはなぜ「美意識」を鍛えるのか？』で次のように述べています。

「論理と理性」に軸足を置いて経営すれば、必ず他者と同じ結論に至る。「直感」や「感性」、言い換えれば「美意識」にもとづいた意思決定が必要になります。

つまり、「論理と理性」にもとづいて経営を行なうと、他者と同じデータや分析方法によって導かれた「正解」に依存することになり、結局は誰もが同じ結論、一般的で凡庸な「正解」に至る可能性が高くなり、差別化要素も、新しい価値やイノベーションも生まれません。だからこそ、物事の本質を直感的に理解し、個人の美的価値にもとづく意思決定が重要になるのです。

エイミー・ウィテカー氏の『アートシンキング』では、アート思考を「既知のA地点から既知のB地点に移動するのではなく、未知のB地点に移動すること」と表現し、「問題解決のプロセス」として定義し、その特徴を「不確実性に対処するための柔軟性」と「新たな視点からのアプローチ」に置いています。

若宮和男氏の『ハウ・トゥ アート・シンキング　閉塞感を打ち破る自分起点の思考法』（実業之日本社、2019年）では、アート思考が自分自身の内面から出発する思考法であることが強調されています。この本ではアート思考を「自己の内なる声を聴き、それを表現するための方法」として位置づけ、個人が閉塞感を打破し、創造的に生きるために必要だと提案しています。また、「もはや『おなじ』ものを作り続けても価値になりません。いかに『ちがい』を活かして新しい価値を作るかを考える」とあり、アート思考は独創性を生み出す能力であるとも説かれています。つまり、アート思考はアーティストが作品を作るときのように内発的動機から直感や感性に従い、今までにない新しい価値を創造するプ

ロセスということが読み取れます。

　アート思考が注目を浴びた背景は、ビジネス以外に社会全体の問題があるように感じます。物質的に豊かな社会になり、欲しいものはほぼ手に入り、モノが飽和状態になりました。これまで経済は「量産 → 消費 → 廃棄」のサイクルを高速に回すことで成長してきました。その代償が環境破壊や人権問題であり、格差社会の出現なのです。

　高度成長期からバブル期を経て、つい数年前までは、年功序列と終身雇用が保証された組織で「24時間働けますか」と煽られ、社畜となってがむしゃらに働けば、その分だけお金を稼げましたし、家も車も地位も手に入れることができました。

　日本能率協会マネジメントセンターが2023年に現役の管理職、部下層に対して行なった「管理職の実態に関するアンケート調査」によると、一般社員の回答者のうち77.3%が「管理職になりたくない」と回答しています（※）。これでは、会社の発展どころか存続自体が危ういのではないでしょうか……。今までの組織の概念では成り立たなくなってきていることがわかります。

※出所：https://www.jmam.co.jp/hrm/column/0095-kanrishokuchousa.html

　令和に入ると、それまで暗黙の権威や権力を誇っていたヒエラルキー型組織（たとえば、日本大学、電通、宝塚、吉本、ジャニーズ、ビッグモーターなど）の崩壊が始まりました。人口減少、経済成長の鈍化の中で、こうした組織のあり方も限界に達しつつあり、すでに滑稽な存在となりつつあります。さまざまなところで私たちが信じていた資本主義と成長の概念が揺らいでいるように感じます。そんな時代だからこそ、「アートの役割、意義は何なのか？」「そこに社会的な本質的価値があるのではないか？」と問うべきなのではないでしょうか。

　フランスを代表する経済哲学者セルジュ・ラトゥーシュ氏の著書『脱

成長』（白水社、2020 年）において、アートは資本主義社会における物質主義的な価値観とは対照的な、人間性の豊かさや多様性、そして真の幸福を表現するものとして重要視されています。ラトゥーシュ氏は、「現代社会における経済成長至上主義が、人間と自然を深く蝕んでいる」と批判します。同時に「アートは物質主義的な価値観から離れ、真の豊かさとは何かを考えるための重要なツールとなる」と言い、「芸術は、シンプルな暮らしの豊かさを見出す手助けをしてくれる」と「節度ある豊かさ」を提案します。

「イノベーション＝成長」ということ自体がある種の洗脳の結果ではないでしょうか？

　衰退社会において成長に問いかけ、本質的な幸福を見据えた「成長しない幸福」のイノベーションこそ、ある意味で最もイノベーティブな思考なのではないのでしょうか？

　そもそもテクノロジーの発展が幸福を作ってきたでしょうか？

　インターネットで世界がリアルタイムにつながっても戦争はなくなりません。テクノロジーがどれだけ発展しても、経済がどれだけ成長しても人の幸福とはまったく関係ないのではないでしょうか？

　その課題を解決するためには人が本来持っている創造性を復活させ、内発的にテクノロジーを見直し、経済の循環と幸福の概念をアップデートする必要があるのではないでしょうか？

　私は、これらすべての「問い」が組織のパーパスの中に再構築される必要があると考えています。また、生産性重視、利潤追求から創造性重視、幸福追求という価値観の変化もアート思考が注目された背景にあるのではないかと思っています。

アーティストが持つ10のマインド

　そもそもアーティストとはいったいどんな人物なのでしょうか？　アーティストのマインドとはいかなるものなのでしょうか？　皆さんの多くは、美術館などで作品を鑑賞することはあっても、アーティスト本人と会話したり、その思考を垣間見る機会はなかなかないでしょう。そこで、彼らのマインドについて解説しましょう。

　絵画、彫刻、音楽、文学など、多種多様な芸術分野で活躍するアーティストに共通するのは次の10種類のマインドセットです。

　①好奇心と探究心、②内発的動機、③独創性、④創造性、⑤感受性、⑥リスクテイキング、⑦反骨精神、⑧持続的努力、⑨多様な影響の吸収と統合、そして、⑩情熱です。

　これらの要素は、必ずしもすべてのアーティストが同じように持っているわけではありません。10個のうちのいずれかの要素が特に強く、それがそのアーティストの個性となり、独自の表現を生み出しています。

1　好奇心と探究心

「我々はどこから来たのか？　我々は何者か？　我々はどこへ行くのか？」（ポール・ゴーギャン：画家）

　アーティストは世界に対して強い興味と関心を持っています。その興味・関心が未知の領域や新たな視点に対する強い探究心へとつながり、作品となって表現されます。また、自らの存在や心の奥深くに向き合い深く洞察します。ゴーギャンの「我々はどこから来たのか？　我々は何者か？　我々はどこへ行くのか？」は彼が描いた最後の大作であり、人

生と芸術の集大成ともいえる作品です。人間の存在の本質や人生の意味を問う普遍的な「問い」と、深い哲学的な探究心を象徴する作品です。アーティストは「問い」を自らの作品の起点として表現することで創造性を発揮します。

2　内発的動機

「人に教えられたものは身につかない。自ら探して得られたものだけが自分の力になる」（中川一政：画家）

　内発的動機とは、外部からの評価や報酬ではなく、自分自身の内面に湧き上った興味・関心や意欲に動機づけられている状態を起点に表現することです。他者の評価や社会的な成功や利益を追求するのではなく、自らの内なる声に従い、自己表現を追求します。この内発的動機は、彼らが真に情熱を持って取り組むことができる要因であり、内発的動機にもとづく創作活動は、外部からの圧力や批判に左右されることなく、自己の内面と向き合い、深いレベルでの自己表現を可能にします。

3　独創性

「すでにあるものを演奏するな、まだ存在しないものを演奏しろ」（マイルス・デイビス：ミュージシャン）

　アーティストは、唯一無二の作品を生み出すために、自らの経験や視点を反映させ、独自のスタイルや表現を開発します。彼らは、既存の技術や方法をそのまま模倣するのではなく、そこに自分なりの工夫や改良を加え、新たな価値を創造することを目指します。ピカソは「良い芸術家は模倣し、偉大な芸術家は盗む」と言っています。「盗む」とは「自分のものにする」という意味です。

世界中で 400 万枚以上の売り上げを記録したジャズの名盤『Kind of Blue』を生み出したマイルス・デイビスはジャズのフォーマットを超え、民族音楽、ファンク、クラシック、ロックなどあらゆるジャンルの音楽を吸収し、ほかのジャズミュージシャンには真似できないまったく独自の「マイルスミュージック」を創造し続けました。独創性はアーティストが常に新しい挑戦を求め、既存の枠を超えた表現方法を探求する原動力となります。

4　創造性

「創造力は、それなしには生きられないもので人生は創作の日々で中断はない、止まらない列車みたいなものだ」
（山本耀司：ファッションデザイナー）

　創造性は、アーティストのマインドの核心に位置し、自らの経験を起点にして新たな価値やアイデアを生み出す能力です。創造性は、単なる模倣ではなく、独自の視点や発想を取り入れ、新しい形で表現することが求められます。山本耀司氏は、黒を基調としながら素材やテーマを自由に選び、伝統と現代性を独自の方法で組み合わせることにより、新たな表現や視覚的なアイデアと美を創造しています。創造性は、アーティストが既存の枠組みを超え、未踏の領域に挑戦するための力となり、その過程で生み出される作品は、他者に新たな視点や共感を提供します。そして創造性は、社会や文化に対して新たな意味やインスピレーションを与える力を持ちます。

5　感受性

「素朴に、無邪気に、幼児のような眼をみはらなければ、世界はふくらまない」（岡本太郎：芸術家）

感受性とは、アーティストが周囲の世界から受け取る刺激や情報に対して鋭敏に反応する能力です。アーティストは、感覚的な細部にまで注意を払い、通常では見すごされがちな要素を捉え、作品に取り入れます。

　岡本太郎氏は、それまで歴史の遺物とされてきた、縄文式土器について「縄文土器こそ、最も純粋で力強い日本の芸術だ」と語り、日本の根源的な美に対する新たな視点を発見します。この発見が彼の作品にも色濃く反映されています。

　アーティストは自然や人間、社会の中に「問い」を持ち、その中に美や新しい意味を見出し、独自の視点で表現します。まるで子どもの視点のように素朴で無邪気な眼差しで世界を捉えることで、新しいインスピレーションを得て作品の独自性と深みを増すことができます。

6　リスクテイキング

「泉」（マルセル・デュシャン：芸術家）

　リスクテイキングとは、アーティストが未知の領域に挑戦し、まだ存在しない新しい技法や表現に挑戦する姿勢を指します。彼らは失敗や批判を恐れず、創作活動においてリスクを取ることで、新たな可能性を探求します。

　現代美術におけるコンセプチュアル・アートの創始者マルセル・デュシャンは、当時のアートシーンを「網膜的」、つまり目の快楽だけで描かれていると批判し、視覚的な美しさよりも、鑑賞者の思考に語りかける「観念としての芸術」として、男性用便器に「R.Mutt（リチャード・マット）」とサインしただけの作品「泉」の展示を試みますが、「不道徳であり下品だ」「配管会社が製造したもので芸術作品ではない」などと批判され、展示されませんでした。しかしこの作品は、のちにアートシーンにおける革命的な作品として評価されます。アーティストは自分自身の思いや着想をデメリットになることは承知の上でもリスクを顧みず

第4章　アート思考

表現することもあります。

7 反骨精神

「私は流れに逆らって泳ぐことで強くなったの」
（ココ・シャネル：ファッションデザイナー）

　反骨精神とは、アーティストが既存の価値観や社会規範に対して批判的な立場を取り、自らの独自性を追求する姿勢を指します。アーティストは、社会に対して新しい視点や意識を提供し、既存の枠組みを超えた表現を目指します。

　たとえば、中国政府による拘束された経験を持つ芸術家のアイ・ウェイウェイ（艾 未未）氏は「体制に異を唱え社会の基礎を脅かす危険な行為であるから、拘束されたことに関しては納得している」とインタビューで語っていました。彼は「芸術の本質は挑発で、新たな意味を帯びたものはすべて挑発的である」とも言います。この反骨精神は、アーティストが独自の視点を持ち続け、革新的な作品を生み出すための基盤となります。

8 持続的努力

「才能とは、情熱を持続させる能力のこと」（宮崎駿：アニメ監督）

　持続的努力とは、アーティストが長期間にわたり自己研鑽を続け、深いレベルでの創造性と表現力を培う姿勢を指します。「作品を創り続けて生活できるのか？」「いつになったら認められるのか？」といった不安に苛まれながら作品を作り続ける忍耐力が必要になります。アーティストの才能は先天的なものだけではなく、持続的な努力と信念を持って続けることで養われます。持続的努力は、アーティストが高いレベルの

作品を生み出し続けるための基盤であり、自己の成長を支える重要な要素です。

9　多様な影響の吸収と統合

「異なる音楽スタイルや文化から影響を受け、それを自分の音楽に取り入れることで、常に新しいものを創り出す」
（デイヴィッド・ボウイ：ミュージシャン）

　多様な影響の吸収と統合とは、アーティストが異なる文化やジャンル、時代から影響を受け、それを独自の作品に統合する能力を指します。アーティストは、さまざまな情報源やインスピレーションを取り入れ、それらを新たな形で表現することで、独自のスタイルを確立します。
　ゴッホが歌川広重や葛飾北斎などの浮世絵を研究することで、西洋画とは異なる日本的な美意識を自身の作品に取り入れたように、アーティストは異なる文化やジャンル、時代から影響を受け、それを独自の作品に反映します。これにより、彼らの作品には深みと多様性が生まれ、独自のスタイルを追求することができます。この能力は、アーティストが自己の枠を超えて成長し続けるための重要な要素です。

10　情熱

「退屈で死ぬより情熱のために死ぬほうがましだ」
（フィンセント・ヴィレム・ファン・ゴッホ：画家）

　アーティストは、創作活動に対して深い情熱を持っています。この情熱は、彼らが自らの作品に対して強い感情を持ち、自己表現を追求する原動力となります。情熱は、創作過程における困難や挫折を乗り越える力を与え、持続的に作品を創り続けるための重要な要素です。アーティ

第4章　アート思考　　87

ストは、自分の作品を通じて感情や思考を伝えたいという強い意志を持っており、この情熱が作品に独特の魅力を与えます。

　実はこの章を書くにあたり、情熱についての芸術家の格言を探してみたのですが、なかなか見つかりませんでした。自ら「情熱を持って挑んでいる」などと公言する必要がないくらい当然のことだからかもしれません。

起業家精神と
アーティスト・マインドの共通点

　私は高校時代、石川県の金沢市で総勢30人のアーティスト集団のリーダーをしていて、金沢美大に呼ばれてインスタレーションをしたりしていました。父はテレビ局に勤めるサラリーマンです。大学に進学する際、父に「金沢美大に行きたい」と告げると「絵描きになって食べていけると思うのか？」と言われ、美大をあきらめました。結果的に日本大学の芸術学部に入学するのですが、「芸術家になっても食っていけない」と言われても創作を続けることができれば、それだけでアーティストなのだと思います。私は美大で講義をするとき、必ず学生たちに「なぜ作品を創るのか？」と質問するのですが、多くの学生の答えは「創りたいから」です。その本質的な欲求は内発的動機、衝動のようなもので、そこに経済合理性、つまり「儲けたい」を超えた動機があります（図4-2）。

　イノベーティブなビジネスを生み出した多くの起業家、創業者、イントレプレナー（社内起業家）も同じようなことを言います。「そんな製品が売れると思っているのか？　儲かるわけない」など、製品・サービスが革新的であればあるほど、周りの反応は冷ややかです。

「絵描きになって食っていけると思うのか?」
それでも絵描きになりたければそれはアーティストだ!

新しい作品を創りたい

【共通点】
経済合理性を超えた自分軸
内発的動機(情熱)

「そんな商品が売れると思っているのか?」
それでも起業(事業化)したければ起業家だ!

新しい商品を創りたい

図4-2　アートとビジネスにおける内発的動機

　たとえば、ソニーのウォークマンも当初は社内から「録音機能がないただの再生機なんて売れない」と大反対されました。あのアップルのiPhone、アマゾン、テスラ、Airbnb でさえ、当初は批判や懐疑的な意見ばかりでした。

　多くの起業家・イノベーターたちは、「そんな製品が売れるわけがない、儲かるわけがない」と言われても、社会課題の解決や人々の生活の向上を目指し、自らの情熱と使命感をもって活動しています。多くの人々が抱える課題を解決し、世界をより良くするために、自らの能力と情熱を注いでいるのです。

　アメリカの起業家のエリック・リース氏は著書『スタートアップ・ウェイ』(日経BP、2018年)で「お金が目的でスタートアップに参画する人はあまりいない。参画の理由は、ミッションに賛同したから、またビジョンを実現して世の中を変えたいと考えたからが多い」と述べてい

ます。ビジョンと信念を持って続けていれば自ずと助けてくれる人が集まり、そこに独自のマーケットが生まれます。

孫正義氏のアート思考

　2010年に孫正義氏がテレビ番組『カンブリア宮殿』に出演したとき、高校生に向けて「自分の人生に対するビジョンをしっかり持つべき」というメッセージを贈りました。彼は、突然「僕は、画家になりたかった。ゴッホのような生きざまが一番尊敬できる生きざまだ」と言い出します。

「売るためでない、自分の描きたい絵、世の中の常識とは関係なく自分がただひたすら描きたい絵に没頭する。（中略）有名になるとか、画商を通じて高いお金で売れる画家を目指すというよりは、自分が一番描きたい絵、世の中の常識と関係なしに、自分が一番納得する、自分が一番描きたい絵。それでも僕はものすごい素晴らしいでっかい夢だと思うんですよね」（孫正義）

　自分軸で生きるアーティストは内発的動機から作品を創作しています。経済的な成功や「売れるかどうか」を気にせず、自分の心が本当に求めるものを信じ、衝動に従い、信念を持って描き続けます。多くのイノベーションも同様に最初は誰にも注目されなかったり、笑われたり、否定されたりするものです。この姿勢こそが、芸術家と起業家・イノベーターに共通する気質といえます。
　ビル・ゲイツ氏が「少なくとも一度は人に笑われるようなアイデアでなければ、独創的な発想とは言えない」と語るように、今までにないものを生み出せる人は、今までの組織ではむしろ排除されるような人材

です。「そんなバカげたことを言っている暇があったら目先の仕事をやれ！」と言われ続けることで、その人の創造性は封じ込まれます。それでもやり続け、自分にしかできない何かを成し遂げるマインドがアート思考の本質ではないかと思います。

起業家・イノベーターとアーティストのマインドの共通点

　アーティストと起業家・イノベーターには、いくつかの共通点があることに気づいたのではないでしょうか。間違いなく言える共通点は、どちらも今までにない新しいものを創造していることです。両者は異なる分野で活動しているものの、共通のマインドを持ち、創造性を発揮して革新をもたらす力を持っています。

1　好奇心と探究心

　起業家・イノベーターはビジネスの分野でさまざまな技術を探求し、市場や技術の変化に敏感に反応します。彼らは新しいトレンドや顧客ニーズを把握し、その先を読むことで、革新的な製品・サービスを生み出します。好奇心と探究心は新しいアイデアを創出する「種」となります。アイデアを生み出すには、社会のさまざまなことに興味を持ち、多くの「種」を蓄積し、それらを結びつけることが必要です。それにより今までにない新しい製品・サービスを生み出します。

　発明家のエジソンは幼少期から好奇心が強く、小学校の授業で教師に「それはなぜ？」と疑問を投げかけ続け、授業の妨げになるという理由で入学から3カ月で退学させられたそうです。彼の好奇心、探究心からのちに多くの発明が生まれたのは言うまでもありません。

2 内発的動機

　芸術家の創作活動の原動力は、他者の評価や報酬よりも自らの内なる声です。それに従い、独自の作品を創り出します。

　一方起業家・イノベーターは、単に利益を優先することだけでなく、自らの信念やビジョンに従って新しい価値を創造しようとします。この内発的動機により、彼らは困難な状況に直面しても、粘り強く挑戦を続ける力を持ちます。スティーブ・ジョブズ氏はスタンフォード大学でのスピーチで「自分の心と直感に従う、勇気を持ちなさい」と述べています。自分の中から湧き上る思いがなければ仕事を自分ごと化できないでしょう。「やらされ仕事」であっては重圧に耐えきれず挫折してしまいます。

3 独創性

　起業家・イノベーターは独自のアプローチを取り、既存のビジネスモデルや技術を再定義し、新しい市場や顧客価値を創造します。独創性は、競争の中で優位に立ち、持続的な成長を実現するための重要な要素です。

　アーティストは独自の工夫で作品に新たな価値を加え、起業家・イノベーターは独自の視点でビジネスにおける新たな価値を創造します。どちらも独創性を持ち、新しい挑戦を続けることで、他者と差別化された存在となっています。

　キャラメルといえば森永や明治ですが、その中で異彩を放ったのが「グリコ」です。グリコは牡蠣の加工場で捨てられていた煮汁に含まれるグリコーゲンが健康に良いということから生まれました。さらに革新的だったのは、初めてお菓子に「おまけ」をつけたことです。創業者、江崎利一氏の独創性がほかの菓子メーカーとの圧倒的な差別化を生み出したのです。グリコはキャラメルではなく、あくまでグリコなのです。

4 創造性

　創造性は、アーティストと起業家・イノベーターの活動において共通する重要な要素です。アーティストは、新しい形で作品を通して表現し、既存の枠組みを超えることで独自の価値を提供します。

『シリアル・イノベーター』（アビー・グリフィンほか、プレジデント社、2014年）という書籍の中で、シリアルイノベーターの特性として、「シリアルイノベーターは、課題をまったく別の角度から見る。ほかの人には見えないものを見えるようにし、課題を再構成することを可能にする」とあります。常識にとらわれず妄想を現実の形にしていく能力を持っています。彼らは既存の問題に対して新しい解決策を提案し、従来の市場に新たな価値を創造します。

　アーティストと起業家・イノベーターは、それぞれの分野で創造性を発揮し、新しい価値を生み出すことによって、社会やビジネスに新しい視点やインスピレーションを提供しているのです。

5 感受性

　アーティストと起業家・イノベーターは、いずれも高い感受性を持って周囲の変化や細部に敏感に反応します。起業家・イノベーターは顧客のニーズや市場の動向に敏感で、それらの変化を迅速に捉えます。さまざまなことから得られる感動や体験は新たなアイデアを生み出す「種」になります。常に感受性を豊かな状態にしておくことは、アイデアを生み出す上でも重要です。**優れた経営者の多くは、現場によく足を運んでいます。市場の変化を肌で感じる習慣といえるでしょう。**

　たとえば、サイバーエージェント代表取締役、藤田晋氏はインタビューで「年間100本は映画を見て、本も雑誌も新聞も読み、舞台にも足を運んでいます」と言っています（※）。自分自身の感性を磨く時間を大切にしているのです。

※出所：Forbes JAPAN「サイバー藤田晋の経営者論 『洞察力』を磨くために年100回やること」
https://forbesjapan.com/articles/detail/64530

6　リスクテイキング

　アーティストと起業家・イノベーターは、いずれもリスクを取ることを恐れず、新たな領域に挑戦することで革新を追求します。アーティストは、未知の技法や表現を試み、失敗を恐れずに創作活動に取り組むことで、新しい可能性を探ります。

　イーロン・マスク氏はペイパルを売却して得た資金をスペースXやテスラなどの新しい事業に投資し、ロケットの打ち上げが何度失敗してもあきらめず、常に挑み続けています。アーティストと起業家・イノベーターは、ともにリスクを取る勇気を持ち、新たな挑戦をすることで革新を追求しています。これにより、それぞれの分野で新しい価値を創造し続けています。

7　反骨精神

　起業家・イノベーターは業界や市場の慣習に挑戦し、現状を打破することで新しい価値を創造します。彼らは従来のビジネスモデルを変革し、新たな市場を開拓することで革新を実現します。

　Airbnbの創業者ブライアン・チェスキー氏は、起業家育成講義でこんなことを語っていました（※）。

「ローンチして1年は毎日サイト訪問者は100人程度で2件ほどの予約が入る程度でした。まったく上手くいっていませんでした。しかし私もジョーもネイトもこのビジネスの可能性を信じていました。借金は増えるばかりでどうしたらいいかわかりませんでした」

さらに、こう付け加えます。

「私たちは障害がクリエイティビティを生むと信じています」

※出所：ログミー Business「Airbnb ブライアン・チェスキー『創業した会社は我が子のようなもの』バイアウトありきの金目当てベンチャーを批判」
https://logmi.jp/knowledge_culture/speech/32296?utm_source=chatgpt.com

　アーティストと起業家・イノベーターは、それぞれの分野で既存の価値観や慣習に挑戦し、新しい価値を創造する反骨精神を持っています。この精神が彼らの革新と成長の原動力となっています。

8　持続的努力

　アーティストと起業家・イノベーターは、どちらも継続的な努力を通じて自己を成長させ、新たな価値を創造し続ける点で共通しています。芸術家は、長期間にわたり自己研鑽を続けることで深いレベルでの創造性と表現力を培い、高いレベルの作品を生み出し続けます。この持続的努力は、彼らの創作活動の基盤であり、自身の成長を支える重要な要素です。

　スティーブ・ジョブズ氏は、「成功する起業家とそうでない起業家を分けるものは何か？　約半分は真の忍耐力を持っているかどうかだ」と言っています。継続的に努力を重ね、自己のスキルや知識を磨き続けます。彼らは絶え間ない学びと実践を通じて、常に変化する市場環境に適応し、新たな価値を創造します。持続的努力は、起業家・イノベーターがビジネスで成功し続けるための重要な要素です。

9　多様な影響の吸収と統合

　異なる文化から多様な影響を受け、それを独自の作品やビジネスに統合する点で共通しています。

第4章　アート思考

異なる分野や異業種の知識、アセット、ノウハウ、データ、技術を統合するオープンイノベーションによって今までにない新しいビジネスモデルや製品を生み出すことができます。多様な影響を受け入れることで、起業家・イノベーターは市場に新しい価値を提供し、競争力を高めることができます。

10　情熱

　アーティストと起業家・イノベーターは、いずれも強い情熱を心の奥底に持っており、それが彼らの活動の原動力となっています。アーティストは、自らの作品に対して強い信念にもとづいて、自己表現を情熱的に追求します。この情熱は、創作過程での困難や挫折を乗り越え、継続して作品を生み出す力となります。彼らは作品を通じて感情や思考を伝えることに強い意志を持っており、そのことが作品に独特の魅力を与えています。

　起業家・イノベーターも、自分のプロジェクトやビジョンに対して強い情熱を持っています。彼らは新しい価値を創造するために情熱的に取り組み、困難な状況でも目標を達成するための粘り強さを発揮します。この情熱は、彼らが革新を追求し続け、成功を収めるための原動力です。また、情熱を持って行動することで、周囲の人々を巻き込み、ともに新しい挑戦に立ち向かうことができるのです。

　「情熱」や「熱意」は英語では「Passion」ですが、この言葉には別の意味もあります。キリスト教の文脈では「受難」としても解釈されます。たとえば、「Passion of Christ」というフレーズは通常「キリストの受難」を表し、キリストの死と復活に至る過程の苦しみを指します。アーティストにとっても起業家・イノベーターにとっても、仕事を成し遂げるにはそれだけの覚悟が必要になるです。

アーティストと起業家・イノベーターは、強い好奇心と情熱を持ち、独創性と創造性で新たな価値を生み出し続け、リスクを恐れず挑戦し続けるなど、さまざまな点で共通しているといえます。グローバル企業のイノベーティブな人々がアートを好むのは、このマインドへの共感といえるのではないでしょうか。

経済価値、社会価値、アート思考の内発的動機との関係

　現代の企業は、利益を追求することだけでなく、社会に対する責任を果たすことが求められています。経済価値は、企業が市場で競争力を持ち、持続可能な成長を実現するための基本的なものです。しかし、成長が短期的な利益だけに依存していると、長期的には社会からの支持を失い、結果として存続できなくなるかもしれません。そのため、企業には経済価値だけでなく、社会価値を創出することが重要になります。社会価値とは、企業が環境保護や地域社会の発展など、社会全体に対して積極的に貢献することです。
　アート思考は、この社会価値と経済価値を効果的に結びつけ、創造性と革新性をもたらし、社会的課題に対して新たな視点からアプローチすることを可能にします。このプロセスにおいて重要なのが「内発的動機」です。外部から得られる報酬や評価ではなく、自己の内面から湧き上がる動機、自分自身の興味、情熱、価値観にもとづいて行動することが必要です。
　個人や企業が内発的動機にもとづいて行動することで、より深いレベルで社会価値を創出できます。たとえば、環境保護活動を行なう企業が、単に社会的評価を意識することや規制を遵守するためではなく、社員やリーダー自らの「自然を守りたい」という強い信念や情熱にもとづいて

行動する場合、その活動はより持続可能であり、社会からの支持を得やすくなります。

　数年前、国内外からサスティナビリティの課題に取り組む有識者や先進ブランドの代表者を迎えて開催する「サスティナブル・ブランド国際会議」の運営をお手伝いをしたことがあります。海外の先進ブランドのスピーカーたちは、環境問題や人権問題を語る際に台本を一切読まず、自分の言葉でナラティブにそのブランドの内発的動機（自社はなぜサスティナビリティに取り組んでいるのか）を語っていました。私は、その姿にとても感銘を受けました。

　その後 SDGs が広まり、日本のある大企業の経営者が壮大で素晴らしい動画をバックに台本を「棒読み」する姿を見たのですが、非常に滑稽に感じました。同時に、社会の動きに追従して、世間体を繕うために社員に SDGs バッジを義務的につけさせているような企業にも共感できなくなりました。むしろ、SDGs バッジを装着すること自体が、主体的に SDGs に取り組んでいないことの表明のように感じてしまいました。

　内発的動機は、アート思考の基礎となるマインドです。個人や企業が自分たちの本質的な価値観や信念を深く理解し、それにもとづいて行動する「内発的な行動原理」が企業のパーパスに実装されていることが、企業そのものの持続可能性に大きな影響を与える時代になっています。また、テクノロジーが加速度的に進化していく中で、人とテクノロジーが乖離しないためにも、内発的動機を起点とする価値創造が必要な時代であるともいえるでしょう。

アート思考を起点にした
新規事業開発の事例

　これまで私が参加した新規事業開発の中で、わかりやすい事例をご紹介します。
　YouTubeが日本語版のサービスを開始した2007年、トヨタ自動車e-TOYATA部が運営するコミュニケーションWebサイト「GAZOO」の企画を担当することになりました。テーマは「つながるトヨタ」と「若者の車離れ」でした。「走る」「止まる」がクルマの基本です。インターネットの普及から「つながるトヨタ」という新しいコンセプトが生まれたものの、具体的なコンテンツが見えず、同時に「若者の車離れ」も進んでいました。この課題に対し、デザイン思考を起点にするのであれば、ターゲットである若者の深層ニーズのカスタマージャーニー（顧客が製品を購入、利用し、継続・再購入するまでの道のり）などを作成することから始めるでしょう。
　しかし、私はあえて「なぜ自分が車に乗りたいのか？　なぜ乗りたくないのか？　どうしたら自分が乗りたくなるのか？」と、自分を起点にしました。つまり、自分軸から思考するアート思考を使ったのです。まず仕事を自分ごと化した上で、自分に「問い」を投げかけ、深く内省していきました。

　まず、最初の問いは「自分は車が好きなのか？」です。実は、それほど好きではありません。それはなぜなのか？　私が最初に購入したのは中古車でした。デザインが好きになって価格や燃費も悪くないので購入しました。やっと手に入れたマイカーを自宅の側に路面駐車したところ、翌朝ボンネットに「うんち」と落書きされてしまいました。しかも、石で掘られてです。そのときはとても落胆しましたし、「車なんて走れば

いいんだ」と自分を慰めました。これが初めてのマイカー体験であり、今にいたるまでの自動車との関係性です。

　では、どうしたら自分は車を好きになれるのか？　そもそも車を運転することの楽しみは何か？　そして、利便性以外に思いつく車の魅力はドライブだという結論に達しました。

　さらに、自問自答を続けます。では、自分はどんなドライブがしたいのか？　1人でドライブするほど運転が好きではない。では、誰とドライブしたいのか？　女性とのドライブデートだったら間違いなくワクワクする。初めて女性と2人きりでドライブしたときの密室空間のドキドキした感覚を再び体験してみたい——ところが、残念なことに私はそのときすでに結婚していました。「となると、これはムリか……」と一瞬思ったのですが、「いや、これを仕事にすればいい！　ドライブデートを仕事にすれば毎月女性とデートができる！」という考えに至りました。これが第一の内発的な発想の起点です。

　第二の起点は、当時リリースされた第五世代iPodです。このバージョンから動画の再生が可能になりました。この小さな端末で初めて動画を再生したとき、私は「近い将来、動画を持ち歩く時代が来る」と確信しました。ところが、当時iPodの動画再生にはアップル独自の動画エンコード（データ圧縮技術）方式が採用されており、今のiPhoneのように手軽にYouTubeを視聴したり、自分の好きな動画を持ち歩くことができなかったのです。そこで、私はアップルのデータ圧縮技術を学び、自分の好きな動画を変換してiPodに入れて外出先で観るようにしました。

　今となってはYouTube、Netflix、TikTokなど、携帯端末で動画を観るのが当たり前になりましたが、当時は「こんな小さな画面で動画を観る人などいない」と言われていました。しかし、私には電車や家の中で小さなデバイスで動画を見る未来の人々の姿が見えていました。となると、音楽を持ち歩くのと同じように、動画を持ち歩けるようになるには

コンテンツが必要になります。そのための「持ち歩く意味のある動画」を作ってみたい。その動画からドライブが楽しくなるようなコンテンツを作れないか——これが第二の発想の起点となりました。

　内発的なモチベーションである第一の起点「女子とデートしたい」と第二の起点「動画を持ち歩く未来のビジョンを実現したい」、さらにインターネットと車を連動させた「つながるトヨタ」、これらを結びつけて生まれたのが Podcast ドライブ動画「iRouteCasting」という企画でした。

　この動画コンテンツはドライバーである男性の目線から撮影された彼女（番組では「With you」と呼んでいました）と2人きりのドライブを楽しむ3分程度の動画です。動画に登場する車の紹介のあと、2人は3カ所のグルメ、観光、体験スポットに立ち寄ります。単なる動画コンテンツではなく、動画内で移動したドライブルートをトヨタの純正カーナビ「G-book」にダウンロードすることが可能で、動画と同じルートを G-book がナビゲートしてくれます。これが「つながるトヨタ」の実現です。要は、動画コンテンツとインターネットと車を結びつけた IoT（Internet of Things：モノのインターネット）なのですが、IoT という言葉が普及したのは 2010 年頃からなので、2〜3 年早かったですね。

アート思考とモチベーション3.0

　さて、この「iRouteCasting」のどこがアート思考なのでしょうか？
　まず、若者をターゲットにした提案であるにもかかわらず、若者をペルソナに設定しなかったことです。発想の起点が自分軸から始まって、自分がワクワクすること、「まだ誰もやっていない未知のシステムを実

現したい」という内発的な動機を起点にしているところです。

　ダニエル・ピンク氏は著書『モチベーション 3.0』（講談社、2010 年）の中で 3 種類のモチベーションを紹介しています。

　従来のモチベーション理論を「モチベーション 1.0」「モチベーション 2.0」として位置づけ、これに対して新しい「モチベーション 3.0」を提唱しています。モチベーション 3.0 は、従来の外発的な報酬に頼る動機づけモデルから脱却し、内発的動機づけを重視することで、より持続可能で創造性の高い結果を生み出せるとしています。

　モチベーション 1.0 は、基本的な生存本能や生理的欲求にもとづく原始的な動機で、食欲や性欲などを含む本能的（本質的）な欲求を満たすことで、この企画の場合、「女性とデートをしたい」という下心です。

　モチベーション 2.0 は、外部から与えられる報酬や罰によって動機づけられるモデルで、いわゆる「アメとムチ」のアプローチです。従来のビジネスや教育の場で広く用いられてきた方法で、この企画の場合はトヨタ自動車から得られる報酬に当たります。

　モチベーション 3.0 は、内発的動機による自己決定感、目的意識、そして成長欲求を重視します。個人が新しいスキルや知識を習得し、問題解決のための新たな視点やアプローチを発見するための動機づけになります。単なる課題解決を超えて新たな価値を生み出す創造的なプロジェクトを生み出す上で重要になります。この企画の場合「動画を持ち歩く未来の実現」です。人は自分の仕事が報酬や罰によってではなく、社会や他者に貢献するものであると感じられるときに、より意欲的かつ創造的に取り組む傾向があります。

　仕事を「やらされている」「やらねばならないもの」と捉えるのではなく、自ら望んで取り組みたいと思うこと、つまり仕事が「自分ごと」化した状態ともいえます。

　ハーバード・ビジネススクール教授テレサ・アマビール氏の研究によ

れば、人は外因的なプレッシャーや金銭的報酬ではなく、興味や楽しさ、満足感、仕事のやりがいなどの内因的なモチベーションが高いほど創造的に働く傾向にあり、生産性、仕事の意欲、チームワークへの貢献において高いパフォーマンスを発揮すると唱えています。一方でモチベーション 2.0 の外発的な報酬が創造性に対して短期的には効果的であるものの、長期的には内発的動機を損ない、創造性を低下させる可能性があることも示されています（※）。

※出所：『マネジャーの最も大切な仕事――95％の人が見過ごす「小さな進捗」の力』（テレサ・アマビール、英治出版、2017 年）

　モチベーション 3.0 の内発的動機づけは、個人や組織における創造性の向上に深い影響を与え、職場環境や社会全般において、持続可能で創造的な成果を達成するための重要な鍵となっています。

　アーティストと起業家・イノベーターの共通点でも述べたように、モチベーション 3.0 の内発的動機は創造性だけでなく、持続的努力や強い信念や情熱、リスクテイキングなどの多くにかかわる重要なものです。

　私は新規事業開発の伴走支援をする中で、アート思考の視点から、メンバーに **「あなたはそのプロジェクトを心の底から実現したいと思っていますか？　それを実現するために、あなたにはパッション（情熱と受難を引き受ける覚悟）はありますか?」** と常に問いかけています。アーティストも起業家・イノベーターも、新しい価値を生み出すためには、経済合理性を超えた内発的動機を持ち続けることが必要なのです。

第 4 章　アート思考

アート思考に対する誤解と
アート思考の限界

　アート思考に関する本では、実践方法として対話型鑑賞が推奨されることがよくあります。対話型鑑賞はアメリカのMoMA（ニューヨーク近代美術館）で開発された、美術作品を鑑賞する方法の1つです。作品解説に頼らず、鑑賞者同士の対話を通して、作品をより深く理解し、楽しむことを目的としています。

　実際にグローバル企業が対話型鑑賞を取り入れたり、日本の企業でもアート作品を自社ビル内に展示するなど、ビジネスの現場にアートを取り入れる企業が増えてきたのは事実です。しかし、これがちょっとした誤解を生んでいるように思われます。どういうことかと言うと、「美術鑑賞をする」や「（価値はよくわからないが投機目的で）美術作品を購入する」ことがビジネスエリートのステイタスとされたり「美術鑑賞をすれば新規事業のアイデアを生み出せる」といった短絡的な理解をされているように感じます。

　本質的なことは、抽象度の高い作品を「見る」だけでなく、**作品を見たら「問い」を出して深層を「読み取る」ことを試みたり、作品の向こう側にある「意味」や「価値」を自分なりの視点で解釈したり、再定義したりするといった一連の思考の流れを習慣化することです。これにより「物の見方」を養ったり、「真相を読み取る」訓練をしたりする**ことで、既成概念にとらわれないアイデア創出や経営判断に必要な「美意識」や「直感」といった感性が磨かれていくということです。世界のビジネスエリートは、無意識のうちにそうした機会を作っているということです。

　アート思考を実践しようとしても内発的な感性を磨かなければ、単なる知識や教養もしくはレクリエーションで終わってしまいます。あるい

郵 便 は が き

料金受取人払郵便

牛込局承認

6117

差出有効期限
令和8年7月
31日まで

１６２-８７９０

東京都新宿区揚場町2-18
白宝ビル7F

フォレスト出版株式会社
愛読者カード係

フリガナ	年齢　　　　歳
お名前	性別（ 男・女 ）

ご住所　〒

☎　　（　　　）　　　　FAX　　　（　　　）

ご職業	役職

ご勤務先または学校名

Eメールアドレス

メールによる新刊案内をお送り致します。ご希望されない場合は空欄のままで結構です。

フォレスト出版の情報はhttp://www.forestpub.co.jpまで!

フォレスト出版　愛読者カード

ご購読ありがとうございます。今後の出版物の資料とさせていただきますので、下記の設問にお答えください。ご協力をお願い申し上げます。

● **ご購入図書名** 「　　　　　　　　　　　　　　　　　　　　　　　」

● **お買い上げ書店名**「　　　　　　　　　　　　　　　」書店

● **お買い求めの動機は?**
　1. 著者が好きだから　　　　　　2. タイトルが気に入って
　3. 装丁がよかったから　　　　　4. 人にすすめられて
　5. 新聞・雑誌の広告で(掲載誌誌名　　　　　　　　　　　　　　)
　6. その他(　　　　　　　　　　　　　　　　　　　　　　　　　)

● **ご購読されている新聞・雑誌・Webサイトは?**
　(　　　　　　　　　　　　　　　　　　　　　　　　　　　　　)

● **よく利用するSNSは?(複数回答可)**
　☐ Facebook　　☐ X(旧Twitter)　　☐ LINE　　☐ その他(　　　)

● **お読みになりたい著者、テーマ等を具体的にお聞かせください。**
　(　　　　　　　　　　　　　　　　　　　　　　　　　　　　　)

● **本書についてのご意見・ご感想をお聞かせください。**

● **ご意見・ご感想をWebサイト・広告等に掲載させていただいても
よろしいでしょうか?**
　☐ YES　　　　☐ NO　　　　☐ 匿名であればYES

あなたにあった実践的な情報満載! フォレスト出版公式サイト

https://www.forestpub.co.jp 　フォレスト出版　検索

は、アーティストをプロジェクトに迎え入れ、常識とは違った観点からの発想を求める場合も、一般企業とアーティストの間を取り持つ高度なファシリテーション能力が必要となります。そうでないと、「なるほど！さすがアーティストの視点は違う！　でも具体的にはどう事業化すればいいの？」となり、アイデアは平行線のままで終わってしまいます。

　アート思考という言葉が日本に広まったきっかけを作った山口周氏の著書『世界のエリートはなぜ「美意識」を鍛えるのか？』ですが、このタイトルを私は、「意思決定において内発的な直感や感性を重じている世界のエリートたちは、芸術に関する感度がもともと高く、自分なりの美意識を持っている」と解釈しています。彼らはエリートになることを目的に美術館に通ったわけではありません。

　アーティストがさまざまな事象に刺激を受けたり、洞察の幅を広げ、受けた刺激を内発的に作品化するときの経済合理性を超えた「衝動」から新しい価値を創造するという姿勢がアート思考の本質です。メソッドやフレームワークではなく、姿勢やマインドのほうが重要なのです。

　確かに、アートに触れることは感性を豊かにしますが、他人の作品に感動するだけではなく、「作品に触れた体験を蓄積して自分は何を生み出せるか？」のほうが重要で、それがなければ単なる趣味です。自分自身が感じたもの、そこから生み出されるアイデアをビジネスに活用して初めてアート思考としての価値につながると私は思っています。

　アート思考とは、自らアーティストとして世界を見て、新たな価値を生み出すことです。だとすれば、メソッドやノウハウの有無ではなく、「あなた自身が創造的なアーティストであるかどうか？」「アーティスト・マインドを持っているかどうか？」が重要です。つまり、ビジネスにおいては傍観者（鑑賞者）ではなく、表現者を意味し、自らの衝動で新たな価値を生み出す起業家・イノベーターを意味する言葉です。

第4章　アート思考

『直感・共感・官能のアーティスト思考』（事業構想大学院大学出版部、2024年）の著者、松永エリック・匡史氏は、アート思考とアーティスト思考を次のように定義しています。

アート思考は客観的で、そのプロセスから生まれる作品そのものに焦点を当てており、異なる観客や文献に対する作品の影響を検討することが含まれるのに対し、アーティスト思考は創造的なプロセス自体に焦点を当てている。

解釈は人それぞれなので、アート思考とアーティスト思考の境界は曖昧ですが、本来のアート思考は主体的なもので表現者の視点です。しかし、実際には対話型鑑賞やオフィスにアート作品を置くといった鑑賞者視点がアート思考のメソッドとして語られることが多いので、松永氏はあえて「アーティスト思考」と表現したのではないでしょうか。

あなたは芸術家ではないのでしょうか？　いや、芸術家だったはずです。

ピカソは「子どもは誰でも芸術家だ」と言いました。

大人は皆、かつては子どもだったのですから、あなたもかつては芸術家だったはずです。

では、大人になるとなぜ芸術家でなくなってしまうのでしょうか？

それは、「やらされていること」「やらないといけないこと」ことが多すぎるからではないでしょうか？

子どもの頃は「やりたいこと」で生きていたわけです。

美大生に「君はなぜ絵を描くのか？」と聞くと、返ってくる答えは「描きたいから」です。

つまり、あなたがアーティストになるためには絵画を眺めて講釈することや作品を作ること以前に、アートでなくても、何でもよいから心から「やりたいこと」をやるだけです。

アートの中でも特に絵画作品は基本的に個人の内発的表現です。一般

的に、アーティストは創造的なプロセスを個人的な経験や視点から生み出すため、一個人の思想や感性が起点になります。グループで演奏する音楽やさまざまな人がかかわって制作される映画とは違って、絵画や現代アートは共同作業で創作するのには向いていません。また、組織においてアート思考を持つ人の行動はスタンドプレーになりがちですし、個性が強いため集団に馴染めない傾向もあります。もし、組織の全員がアート思考にもとづいて行動するようになったら、組織は間違いなく崩壊するでしょう。

　ジェフ・ベゾス氏はアマゾン社内で「ナッター（狂気）」と呼ばれ、イーロン・マスク氏は自らをアスペルガーと公言しています。また、ジョブズ氏も破天荒なだけでなく傲慢で人を傷つけることが多かったので、嫌われ者の一面もありました。伝説の起業家・投資家と呼ばれるピーター・ティール氏は著書『ゼロ・トゥ・ワン』（NHK出版、2014年）の中で「シリコンバレーでは人付き合いが極端に苦手なアスペルガー気味の人間が有利に見える」と述べています。このように極端なアート思考的なイノベーターは「人付き合いが苦手で協調性に欠け、極端に言えば強迫観念に取り憑かれた自己中心な変わり者」でもあります。しかし、人間的には欠落した点があったとしても、彼らには「世界を変える」という圧倒的なビジョンがあります。そのビジョンに多くの優秀なスタッフが共感し、支えたことで社会に新たな価値がもたらされたのです。

　このように、極端なアート思考はエゴが強く。変わり者で集団作業には不向きで、組織にとっては扱いにくい存在でもあります。社員の全員が極端なアート思考になる必要はなく、バランスも大切になります。

第4章　アート思考

日本企業にアート思考の
イノベーター人材が存在しない理由

　果たして今の日本企業にアート思考を持つイノベーター人材が存在するでしょうか？

　戦後〜高度経済成長期などに見られた、信念と狂気に満ちた創業者にはこうした傾向はあったのかもしれません。ほとんどの企業では、創業者が0→1で作り上げたビジネスを1→10、100→1000にスケールすることが最優先されています。また、多くの日本企業はヒエラルキー（階層）に対する意識が高く、意思決定する際は合議を重んじる体質であるため、創業者以外のイノベーターは必要とされず、いたとしても排除されました。つまり、今の日本企業の経営陣や社員には、創業者意識を持つイノベーター人材はほとんど存在しないということになります。

　その状況の中でイノベーションや新規事業といったところで、できるのはせいぜいフレームワーク（手段）の表層的な導入です。このような傷口に絆創膏を何枚も貼るような対処療法をいくらやっても成功確率は上がりません。

　経営者は新規事業を開発し、成功させたいと思ったら、そもそもの企業体質や組織文化のリノベーションから考える必要があるのです。**イノベーター個人の能力で牽引する方法ではなく、組織をリノベーションし、集合知創出と合意形成を基本とした、現状に適した新規事業を生み出す環境の整備が必要です。**

　アップルコンピュータが最初のマッキントッシュを世に出した頃、同社では「90 Hours A Week And Loving It!（週に90時間労働。それが大好きだ！）」が現場エンジニアのスローガンになっていたのに対して、日本では「24時間働けますか」というCMが放送されていました。

同じ長時間労働であっても、意味合いがまったく異なります。皆さんは、両者の違いがおわかりでしょうか？

　それは、内発的か外圧的かの違いです。ジョブズ氏のビジョンに共感して自ら望んで週に90時間働くのと、会社に言われて「24時間働く」では、まったく意味が違います。かつては終身雇用制度や年功序列があり、企業への忠誠心が評価される風潮から長時間労働が美徳とされていましたが、経済成長が鈍化し、終身雇用も保証されない今はそんなことは成立しません。少なくとも今の若者たちはその状況がわかっています。

　今の20〜30代のビジネスパーソンは、2〜3回の転職は当たり前になっています。自ら望んだ仕事を自ら選ぶ。裏を返せば、「若者から選ばれない」企業が増えているということかもしれません。ミドル〜シニア世代の方は「今の若手には辛抱が足りない」「すぐあきらめる」などと思われるでしょうが、すべての若手がそうではありません。内発的に仕事を選んで自分の「やりたい」仕事を選択する意思決定が速いのだと解釈できます。有能な若者ほどこの選択を優先すると、私は思っています。企業が本気で彼らの内発的な「やりたい仕事」を実現するための器になれたら、離職率は下がり、生産性は向上するでしょう。

　働き方改革とコンプライアンスの意識、ライフワークバランスなど組織の環境も変わり人口減少が進む中で、時代に即したイノベーションを生み出す環境に、いかにアート思考やデザイン思考を実装していくかが課題となります。実践方法はのちほど詳しく解説します。

第 **5** 章

デザイン思考

デザインとデザイン思考の違い?

　近年、デザイン思考はビジネスにおけるイノベーションや社会課題の解決などに役立つ手法として、さまざまな分野・業界で注目されています。ここでは、まず初めにデザインとデザイン思考の違いについて明確にしておきます。

　一般にデザインとは、服飾、ポスター、パッケージといった成果物の見た目や機能、使いやすさを意味します。大別すると次の3つがあります。

①**視覚的デザイン**：見た目や美しさを重視したデザイン。例：ロゴ、ポスター、Web サイトのレイアウトなど
②**機能的デザイン**：製品やサービスがどう機能するかを重視したデザイン。例：使いやすいユーザーインターフェース（UI）や効率的なプロダクト設計など
③**プロダクトデザイン**：具体的な製品を作り出すデザイン。例：家具、家電製品、アプリケーションなど

　一方デザイン思考は、問題解決のための考え方やプロセスを指します。共感、アイデアの定義、試作、テスト、そして検証を繰り返しながら、ユーザーにとって最良の解決策を見つけることを目指します。これは、デザイナーに限らず、エンジニア、マーケター、経営者など、あらゆる職種の人々が活用できる考え方です。

　私がプロジェクトを推進する上で重視しているのはコミュニケーションのデザインです。プロジェクトを円滑に進めるためには、一方的に自分の意向を主張するのではなく、チームメンバーのさまざまな立場、部

署、役割、ステークホルダーとの関係性などを深く読み取り「誰に、何を、何のために、どのように」伝えるかを設計し、合意形成していきます。その際にデザイン思考を使っています。

デザイン思考とは？

　デザイン思考を一言で言うと「ユーザー（人）を中心とした問題解決」です。
　デザインを成果物そのものと捉えるのではなく、それが出来上がるまでの思考プロセスや思考のフレームワークがデザイン思考です。
　スティーブ・ジョブズ氏は「デザインは、単に見た目や感触のことではない。本質的な問題を理解し、適切な解決策を見つけることだ」と言っています。また、Google の元 CEO エリック・シュミット氏が「共感はデザイン思考の出発点です。ユーザーのニーズや課題を深く理解することで、真のイノベーションにつながります。」と語ったように、起点となるのはユーザーです。つまり、「人」を中心にした課題解決のプロセスを意味します。

どのようにして人から課題を発見できるのか？
　そのためには深い洞察が必要になります。
　世界的なデザイン・コンサルティング会社 IDEO（アイディオ）の CEO であり、デザイン思考の伝道者でもあるティム・ブラウン氏の著書『デザイン思考が世界を変える』（早川書房、2010 年）には、「デザイン思考の役割とは、「観察から洞察を。そして、洞察から生活に役立つ製品やサービスを生み出すこと」とあります。
　その実践は、共感（エンパシー）が起点になります。

1. 他者の目を通して世界を観察し
2. 他者の景観を通して世界を理解し
3. 他者の感情を通して世界を感じ取る努力

　どれだけ深い共感から他者の視点で解決すべき課題を発見するかということです。

デザイン思考の5つのプロセス

　ここで重要なことは、消費者に「欲しいと思わせる」ことではなく、消費者が「本当に欲しい」と思っている（が自分では気づいていない）ものを発見することです。
「欲しいと思わせる」とは、企業が自分たちの商品を売り込もうとして、広告やマーケティング施策を駆使して、消費者に商品を欲しがらせる方法です。しかし、この方法では消費者の本当のニーズを見逃してしまうことがあります。
「本当に欲しいものを発見する」とは、消費者が実際にどんな問題やニーズを持っているかを理解し、それを解決する商品・サービスを開発することです。そのためには、消費者の声を聞き、共感し、実際の問題を深く理解することが必要です。

　多くの新規事業が失敗する原因の1つに、商品開発側の「これは売れる」「ニーズがある」という思い込みだけでプロジェクトを進めてしまうことです。商品化したあとに実際には消費者に求められていないことが判明するケースが多いのです。

　デザイン思考による問題解決は5つのプロセスで構成されます（図

5-1)。

　スタンフォード大学のハッソ・プラットナー・デザイン研究所によると、「デザイン思考」を実践する際には、①共感、②問題定義、③アイデア化、④プロトタイピング、⑤テストという5つのプロセスを踏む必要があるとされています（『デザイン思考が世界を変える』ティム・ブラウン、早川書房、2010年）。1つずつ見ていきましょう。

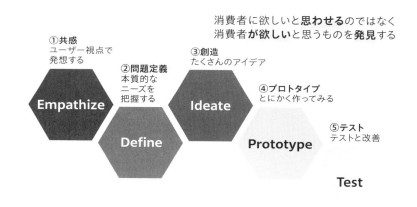

図5-1　デザイン思考の5つのプロセス

1　共感（Empathize）

「デザイン思考」は、まずユーザーの深層心理を探ることから始まります。具体的には、インタビューやアンケートを行なったり、行動を観察したり、共感マップ（120ページで紹介します）を作成したりすることで、「ユーザーが何を感じているか？」「本当に求めているものは何か？」を深く洞察します。ここで注意しなければいけないのは、ユーザーの意見を鵜呑みにしないことです。「ユーザーがどういう想いからそのように回答したのか」という本音をしっかりと探り、言葉になる前の感情的な部分まで掘り下げて観察します。

2　問題定義（Define）

　ユーザーの心理をヒントに、彼らのニーズを定義します。「本当は何を実現したいのか？」「潜在的な課題は何か？」を深掘りし、抽出します。言葉にできることは、ほぼ実現していることが多いため、ユーザー自身もまだ気づいていない想いを分析します。この段階で、解決したい潜在的な課題を発見し、定義します。

3　創造（Ideate）

　ユーザーが実現したいこと、ニーズを定義できたところで、ブレインストーミングなどの手法を用いて、解決するためのアイデアやアプローチ手法を話し合います。ここで大切なのは、既成概念にとらわれず、質ではなく量を意識してできるだけ多くアイデアを出すことです。

4　プロトタイピング（Prototype）

　たくさんのアイデアから絞り込んで、製品・サービスを試作・可視化します。時間やコストをできるだけかけずに、とりあえず一度形にしてみます。そうすることで、新たな視点や問題点に気づくことができます。製品・サービスが出来上がったイメージで具体的な費用も記載した提案書を顧客に見せて「こんな製品・サービスがあったら購入しますか？」などと聞いてみるのもよいでしょう。私の場合は、イメージを緻密に想定した利用シーンの動画を作って多くの人に観てもらい、意見を集めました。

5　テスト（Test）

　試作品やモックアップを使ってユーザーテストを繰り返し、フィード

バックされた意見を参考に改善します。ユーザーのニーズや概念化、試作などが正しかったのかを確認し、より精度の高い製品やサービスを創り上げていきます。

　これら5つのプロセスは必ずしも順番通りに行なう必要はありません。同時並行で行なったり、各プロセスの間を行ったり来たりしてもかまいません。プロセスを包括的に捉えることが重要です。

デザイン思考の事例①「子どもが怖がらないMRI装置」
（GEヘルスケアMRI装置担当幹部・ダグ・ディーツ氏）

Pittsburg Chidrens Hosptial Makes Visits Fun for Kids
https://www.youtube.com/watch?v=hnSPmcZjEqs

　GEヘルスケアのMRI装置担当幹部ダグ・ディーツ氏のエピソードはデザイン思考の優れた実践例として広く知られています。彼のプロジェクトは、子どもたちがMRI検査中に感じる恐怖を軽減するためのものでした。このプロジェクトがどのようにデザイン思考のプロセスを通じて進められたかを説明します。

　MRIは医療現場では非常に重要な装置ですが、子どもにとっては大きくて騒々しいため、恐怖を感じさせるものでした。ディーツ氏は、10分程度の検査のために、9割もの子どもが事前に鎮静剤を投与されているという事実を知りました。これが子どもたちにとっても、親にとっても、医療従事者にとっても負担となっていました。

〈デザイン思考による課題解決プロセス〉

①共感（Empathize）
　ディーツ氏は、子どもたちやその家族と直接対話して、彼らのMRI検査に対する恐怖や不安を理解しました。彼は実際に病院を訪れ、子どもたちがどのように装置を見ているかを観察しました。

第5章　デザイン思考　　117

②問題定義（Define）

　子どもたちの不安や恐怖の根本原因を特定しました。それは、MRI装置が大きくてうるさく、閉所恐怖症を引き起こすことでした。そこでディーツ氏は問題を「子どもたちがMRI検査を楽しく感じるようにする方法を見つける」と定義しました。

③創造（Ideate）

　ディーツ氏と彼のチームは、ブレインストーミングをしてさまざまな解決策を模索しました。その結果、MRI検査を冒険物語のように感じさせるアイデアが浮かびました。MRI室全体をテーマパークのようなデザインにして、子どもたちが検査を楽しめるようにするというアイデアです。

④プロトタイピング（Prototype）

　MRI室を海賊船や宇宙船など、子どもたちがワクワクするテーマで装飾しました。これにより、子どもたちがMRI検査を「冒険」として体験できるようになりました。装置自体もカラフルにペイントされ、検査のプロセスが楽しいストーリーとして語られるように工夫されました。

⑤テスト（Test）

　新しいデザインのMRI室を実際に子どもたちに試してもらい、その反応を観察しました。結果として、子どもたちの多くは鎮静剤なしで検査を受けられるようになり、検査自体を楽しむようにもなりました。親や医療従事者からも非常に好評で、ストレスの軽減と満足度の向上が確認されました。

　ディーツ氏のデザイン思考を用いたアプローチは大成功を収め、MRI検査における子どもたちの恐怖を大幅に軽減することができました。こ

のプロジェクトは、デザイン思考がどのように実際の問題解決に役立つかを示す優れた事例となっています。

デザイン思考の事例②「生活者研究」
（花王株式会社 コンシューマーインテリジェンス室）

https://www.youtube.com/watch?v=aGI6FtYsV6Q

　花王株式会社のコンシューマーインテリジェンス室は長らく生活者研究を担当してきた部門で、さまざまな生活者のデータをアーカイブとして蓄積しています。生活者の自宅を訪問し、日常的に行なっている掃除、料理、育児、スキンケアなどさまざまな生活場面を観察しています。訪問する家庭は首都圏だけでなく全国各地、ときには離島や海外のこともあるそうです。また、身体に障害のある人の暮らしを見せてもらい、多様性のある社会を考える議論にもつなげているそうです。

　主婦が日常的に行なっている家庭での掃除、料理、育児、スキンケアの習慣、買い物の様子などのシーンをビデオカメラで録画して詳細に観察することで、「生活現場でムダなことやよけいなことをしていないか？」「同じことを繰り返していないか？」「イライラしていないか？」「とまどっていないか？」「工程が複雑でないか？」などと観察すると同時に、彼らと対話を重ね、行動には表れない本音や説明できないこだわりなど、行動と言葉の裏に潜む、生活者の「想い」までを読み解いて、生活者の視点に立ち製品やサービスの開発を行なっています。

　また、直近の生活者の情報だけでは長期的な視点で戦略を立てられないため、これまで蓄積してきた豊富な生活者データに加え、「ダイバーシティ、サスティナビリティ、ウェルビーイングなどの社会課題にどう向き合うか？」「未来のあり方をどう捉えるか？」といった新しい視点を社内に投げかけ、生活者起点で未来を考察しているそうです。

第5章　デザイン思考　　119

共感マップを使う

　ユーザーの言動に表れない本音、行動と言葉の裏に潜む「想い」を読み解くために有効なのが「共感マップ」です（図5-2）。これはユーザーの感情・思考を可視化するためのツールです。デザイン思考の実践やユーザーエクスペリエンス（UX）の設計などの場面で、ユーザーを深く理解し、課題解決、製品・サービスの改善、新規事業のアイデア創出をする際に役立てることができます。

　共感マップは次の6つの要素で構成されています。

①**考えていること・感じていること**：ユーザーが普段考えていることや感じていること

②**言っていること・行動**：ユーザーが普段言っていることやしていること

③**聞いていること**：ユーザーが普段耳にする情報や意見

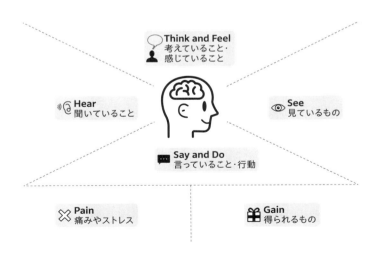

図5-2　共感マップ

④**見ていること**：ユーザーが普段目にするもの

⑤**痛みやストレス**：ユーザーが抱えている悩みやストレス

⑥**得られるもの**：ユーザーが求めていることや、あったらうれしいと思うこと

　6つの要素を書き出すことで、ユーザーの状況やニーズを理解できます。

デザイン思考の事例③「足と目と耳を総動員する」（「いつもナビ」）

　私が地図データベースの会社ゼンリンのハウスエージェンシーだったゼンリンプロモの新規事業を担当していたとき、社会人になって地図アプリを使う前段階にいる中高生にアプリを認知させたいという課題があり、企画提案を求められました。

　ところが、企画提出までの時間は1週間しかありません。途方に暮れている暇はありません。そこで私は、考えるよりまず体を動かしてターゲットの行動観察をすることにしました。その日のうちに、全国から多くの中高生が集まる原宿の竹下通りに行きました。

　1日中、朝9時から夕方まで竹下通りを行き交う若者の行動を観察していると、あることに気がつきました。歩く速さです。いかにも原宿にいそうなおしゃれな子たちに比べ、早足で移動する集団が目につきました。学生服で地図を片手に走り回っている修学旅行の生徒たちです。決められた時間の中で地図を頼りに数カ所を回り、集合時間までに帰らなければいけない修学旅行生たちが自分でアプリを使ってルートを作れたらもっと楽に回れるはず——即座に企画書にまとめて実現することができました。

　アプリ自体は開発期間やプロモーションの予算などの問題、また、乱立する他社のアプリに埋もれ、必ずしも成功とはいえませんでしたが、

そのときに気づいたことは、顧客のニーズがわからないときには、コンサルタントに丸投げしたり、パソコンに向き合うだけではなく、とにかく**足を使い、目や耳を総動員して顧客の近くに寄り添い、深く観察・洞察することで深層的なニーズに辿り着ける**ということでした。

デザイン思考の事例④「顧客が欲しいというものは作らない」（キーエンス）

この10年間で売上高や営業利益を4倍前後に増やしていることでも知られている工場用センサーの開発・販売を主事業とするキーエンスには、「顧客の欲しいというものは作らない」という製品開発のポリシーがあります。それだけ聞くと「本来デザイン思考は顧客の欲しいものを提案するのではないか？」と不審に思うかもしれません。ところが、真意はもっと深いところにあります。

顧客から「こういうものが欲しい」と言われてから作るのではなく、開発担当者が営業担当者と一緒に顧客の現場に何度も訪問し、顧客自身が気づいていない潜在的なニーズを掘り起こした上で製品を開発するので、「顧客が欲しい」と思う前に製品を提供できるのです（※）。

※出所：『キーエンス解剖　最強企業のメカニズム』（西岡杏、日経BP、2022年）

「モノ」から「コト」、そして「物語」の時代へ

さて、今の時代「デザイン思考」だけでは限界が見えてきているのも事実です。

時代をさかのぼってモノの価値から見てみると、その理由がわかってきます。

1960年代の日本では、テレビ、冷蔵庫、洗濯機は「三種の神器」と呼ばれ、豊かさの象徴で憧れの対象でした。たとえば、テレビが一般家庭に普及していない頃は、街頭に置かれた1台のテレビをみんなで観ていました。三種の神器は豊かな生活を送るために「必要な価値」でした。1980年代になると三種の神器はほぼ100%の家庭に普及しました。この頃までは必要価値中心の「モノの時代」です。生産性と効率性を重視し、合理的に量産することで経済が成長するロジカル思考の時代でした。

国民の大半が豊かさを手に入れたあとも、日本は経済成長を続け、白黒テレビはカラーになり、冷蔵庫には冷凍庫や野菜室がつき、洗濯機には乾燥機までつくようになりました。顧客のニーズを反映させ機能が次々と増えていきます。機能だけでなく個人の部屋に合わせたデザイン、独り暮らしに適した小型の製品も出回り始めます。「とにかく手に入れたい」という「必要価値」から、顧客それぞれのニーズに合わせた「付加価値」が提供されるようになります。これにより消費はさらに増加します。すると企業は、さらに顧客のニーズに答えるために多様なラインナップの製品を開発・販売し始めます。

その頂点が携帯電話ではなかったでしょうか。毎シーズン、デザインが多様化し、カメラ付きから、テレビが観られる、音楽が聴けるなどの機能が追加され、膨大な種類の携帯電話が各社から発売され、差別化競争が繰り広げられました。

増殖する付加価値と多様な価値観の時代になると、ただモノを所有するのではなく、人とは違ったモノ、他人ではなく自分に似合うモノが求められるようになりました。さらにその後はモノだけなく、個人の体験を実現する「コトの時代」に移り変わっていきます。ユーザーニーズに合わせた多様な付加価値提供と低価格競走に拍車がかかりました。

今は個々の価値観やライフスタイルにもとづいた多様なニーズが存在します。機能・性能だけでなく、体験、ストーリー性、社会的・環境的な価値などに対するニーズが高まりました。また、SNSの浸透により

個人の趣味趣向が共有されるようになり、「私が好きなコト」を自由に選べる時代になりました。こうしたモノが飽和し複雑化・多様化した現在、デザイン思考だけで顧客の深層ニーズを発見するのは困難になってきています。

「モノの時代」から、個々の顧客がパーソナライズされた体験的な付加価値を求める「コトの時代」を経て消費が飽和し始めることで、本質的な「物語の時代」に移り変わってきたといえるでしょう（図5-3）。

「物語」には2つの面があります。

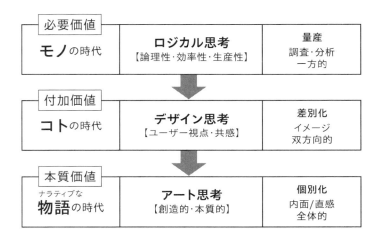

図5-3　必要価値・付加価値の時代から本質価値の時代へ

　1つは「story（ストーリー）」で、小説や映画などで創作された自分の外にある「誰か」によって作られた物語です。

　もう1つは「narrative（ナラティブ）」です。「物語」「語り」「叙述」などと訳されます。この「語り」の主語は「誰か」ではなく「私」です。この「私」の言葉で語るナラティブから生まれる本質的な価値の重要度はこれからどんどん増すでしょう。

　テレビ、新聞、ラジオといったマスメディアからSNSに消費行動の起点が移行した現代において、「私」から発信されるナラティブな物語

が共感を呼び起こし、消費行動をうながす力を持ってきています。次世代の市場の主人公となるのは、生まれたときからSNSに触れているネットネイティブのZ世代以降の人たちです。彼らの経済は「私」から発信される情報への共感を行動の起点とする「共感経済」といえます。

　今後、顧客のニーズを満たすためのデザイン思考や、売るため、差別化するための付加価値だけでは人の心を動かすことは難しくなるでしょう。「私＝自分軸」からの物語や、利便性に限らないその商品の背景や意味に消費の起点が移行していきます。自分の価値観やライフスタイルへの共鳴・愛着と本質的な価値が求められる時代になるでしょう。

デザイン思考の限界

　顧客の望むモノが、ほぼ手に入り、モノが飽和した社会になり、さらに従来の広告ではなく「私」から発信される情報と共感から消費行動が起こる時代で、顧客のニーズを発見することは今まで以上に難しくなってきました。

"If I had asked people what they wanted, they would have said faster horses."
（もし顧客に、彼らの望むものを聞いていたら、彼らは「もっと速い馬が欲しい」と答えていただろう）

　フォード・モーターの創設者ヘンリー・フォード（1863〜1947年）の言葉です。
　馬が輸送手段の中心で、まだ自動車がない時代、顧客に改善を期待したい点をヒアリングしたならば「もっと速い馬」「病気にならない馬」「エ

サをあまり食べない馬」など、馬にかかわる回答が返ってきたでしょう。この回答からは「馬の品種改良」という解決策しか出てきません。自動車がない時代の顧客は、その時点の技術や常識の範囲内でしか考えられないため、「自動車が欲しい」という回答は当然思いつきません。こうした顧客がまだ気づいていない潜在的なニーズを発見するには、深い洞察力かまったく別の解決策が必要になります。過度にユーザーの声に依存すると、革新的なアイデアや新しいアプローチが見落とされる可能性もあります。

　少し話は逸れますが、Google でユーチューバーの講師をしている知人の話が気になりました。ユーチューバーを目指す受講生たちに「制作費を提供するので自分の好きな映像作品を自由に作っていい」と伝えたにもかかわらず、誰からも作品が出てこなかったそうです。視聴者からの「いいね」獲得が目的になってしまうと、「本当に自分が作りたいものが何か？」がわからなくなってしまうのかもしれません。このようにユーザー中心で考えるすぎると、自由な発想が生まれにくくなることもあります。

　モノが飽和し、価値観が多様化、複雑化していく今の社会でユーザーの本質的なニーズを発見することは難しくなっています。かといって、表層的なユーザーの声を拾うばかりでも新しい価値を生み出すことはできません。そんな中で、他人軸（ユーザーニーズ）を起点とするデザイン思考に対し、自分軸の内発的動機を起点にしたアート思考が注目を浴びるようになりました。
　アート思考は「自分自身の視点」や「個人の内面の価値観」を起点にします。個人が自分の内面に向き合い、自分らしい価値観や動機を起点にしてアイデアを形にしていく、自己表現や内発的なモチベーションから商品やサービスを生み出す必要が出てきたといえます。

第6章

ロジカル思考

ロジカル思考とは何か？

　ロジカル思考とは、物事を論理的に整理し、筋道を立てて考える能力です。これは感情や直感に頼るのではなく、客観的な事実やデータにもとづいて判断をくだすプロセスなので、今までお伝えしてきたアート思考の対極といえる思考の方法です。

　ロジカル思考は、複雑な問題に対して必要な情報を収集し、根拠にもとづいて仮説を立てます（図6-1）。実験やシミュレーション、データ分析で仮説が正しいかどうかを検証し、最も適切な解決策を選びます。そして選んだ解決策を実行し、その効果をモニタリングします。また必要に応じて、改善策を講じていきます。

　論理的な判断にもとづいて意思決定を行なうことで、リスクを最小限に抑え、成功率を高めることができます。ロジカル思考についてはすでにいろいろな本で解説されているので、本書では詳しくは説明しませんが、ビジネススキルの基本中の基本であることは間違いありません。フレームワークさえ実践すれば、誰でもある程度は身につけられるので、ぜひ基本的な部分は押さえておきましょう。

　アート思考優先の私は、若い頃はロジカル思考が苦手でした。思いつきで「私はこう思う」と発言することが多く、当時の上司からたびたび注意されました。今思うと確かに上司の言う通りで、本当にそれは「単なる思いつき」で、経験や知識にもとづいておらず、具体性にも欠け、内容も不明瞭で、ビジネスとして実現させるにはほど遠い、未熟な発想でした。

　ビジネスにおいて企画やアイデアを提案する際には、実現可能性を考慮し、思考の積み重ねや経験にもとづいて具体的かつ体系化されたレベ

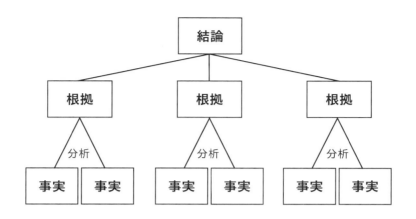

図6-1　ロジカル思考は生産性優位の時代には有効

ルのものにする必要があります。説得力のある提案には必ず根拠があります。事実にもとづいて情報を整理し、筋道を立てて考えを説明しなければ「単なる思いつき」になってしまうのです。自分の考えを相手に納得してもらえなければ、企画を提案しても採用されることはないでしょう。

　今の私は、アイデアを論理的に整理された提案にするために、次の15個の要素(リーンキャンバスの要素9個と独自の視点からの要素6個)を常に考えています。

〈ビジネスアイデア整理のための9つの要素（リーンキャンバス）〉

① 「解決すべき課題は何か？」　顧客課題

　顧客が直面している主要な課題や不満を特定します。解決すべき具体的な問題を明確にすることで、ビジネスモデルの焦点を定めます。問題が明確でないと、提供する解決策も不明確になりがちです。

② 「誰が必要としているのか？」　顧客セグメント

　アイデアを必要としている顧客や対象者は誰かを特定します。

　特定の顧客層に絞り込むことで、利用シーンをイメージしやすくなります。

③ 「現状と差別化ポイントは？」　独自性

　競合他社に対して、あなたのビジネスが持っている独自の強みは何か？

　競争力を高めるポイントが明確になると、アイデアの魅力がさらに引き立ちます。

④ 「どうすればよいか？」　解決策

　問題を解決するための具体的なアクションプランや戦略を考えます。

　実現方法が明確になっていると、アイデアを実行に移しやすくなります。

⑤ 「どう売るのか？」　顧客との接点

　製品・サービスを届けるための手段やルートを考えます。営業の方法や売り方など顧客との接点をどう作るかを示します。

⑥ 「どうやって収益を得るのか？」　収益の流れ

　サービスの価格設定、サブスクリプションなどの収益構造など、どういった方法で収益をあげるのかがわかれば事業の規模が見えてきます。

⑦ 「いくらかかるのか？」　コスト構造

　アイデアを実現するために必要な予算やコストを計画に組み込みます。

　コストの明確化により、実行可能性が具体的にイメージできます。

⑧「どのくらいの効果があるのか？」 主要指数

アイデアを実行した場合に得られる効果や収益、インパクトを予測し、具体的な販売目標や指標（KPI）や将来性といった期待される成果や影響を示すことで、アイデアの価値が明確になります。

⑨「他社と比べてどこが有利なのか？」 競合優位性

すでにあるものでも自社のほうが強い、または競合他社が簡単に模倣できない理由、あなたのビジネスの独自の強みや資産を示します。

ここまでが一般的にフレームワークとして活用されているリーンキャンバスの要素です。リーンキャンバスは、スタートアップや新規事業の初期段階において、ビジネスアイデアを迅速かつ効率的に検証するためのフレームワークです。このツールは、特に仮説検証と市場適合性の評価に重点を置いています（図6-2）。

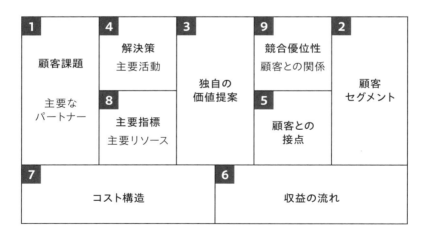

図6-2 リーンキャンバス

大量のアイデアを発想したのち、有望なものに対しては初期段階でリーンキャンバスを使って、ビジネスモデルの概要を整理・可視化します。

第6章 ロジカル思考　　131

リーンキャンバスの目的は、アイデアの仮説を明確にし、初期検証の基盤を作ることです。これが事業計画の基礎にもなります。これを常に意識することでロジカル思考が身につきます。これらの要素は事業化を検討する上で経営陣が納得のいく説明をするためにも最低限押さえておくべき要素です。

ロジカル思考についてはすでに多くの書籍があるので、本書では深く触れませんがほかにも、自社の強みや弱みを分析するSWOT分析、ビジネスモデルを考えるためのビジネスモデルキャンバス、バリュープロポジションキャンバスなど、いろいろなフレームワークがあるので学んでみてください。

さて、私はリーンキャンバスだけでなく次の6つの要素も常に意識しています。

〈実現性を示すための6つの要素（独自の視点）〉

⑩「なぜそう思うのか？」 背景となる課題や事実

このアイデアが生まれた背景や動機（起点）を明確にします。経営層が判断をする上で「なぜ自社が事業化する必要があるのか？」といったアイデアの必要性を示す背景の説明はとても重要です。たとえば、背景にはSDGsへの貢献、事業の将来的なリスク、起案者の内発的動機などが含まれます。

⑪「リスクはないのか？」 考えられるリスクと対応策

実行にあたって予想されるリスクや法的問題、またその対応策を事前に考えます。リスクを認識しておくことで、実現性と安全性が向上します。

⑫「いつまでにできるのか？」 スケジュールや時間枠

いつまでに何を行なうか？ 具体的なスケジュールを設定します。

スケジュールがあることで進捗管理が容易になります。しかし、必ずしも計画通りにはいくとは限りません。ある程度、流動的であることを前提に設定する必要があります。

⑬「リソースや必要な協力者は？」 実現に必要なリソースや協力体制

自社だけで実現できない場合、協業可能な他社を特定します。必要な技術や他社のサポートを明確化することで、実行体制が整います。場合によっては経営陣に協業を否定されることもあるので、この時点で協業の可否を明確化しておきます。

⑭「本当に正しいかどうか？」 事実にもとづいたデータ

各項目にできるだけ客観的なデータ（アンケートや統計）を記載することでアイデアの信ぴょう性が高まり説得力が生まれます。

⑮「必要な人員は足りているか？」 チームの体制

あくまで私個人の場合ですが、状況によっては人事権を得て自分の権限で外部から人材をリクルーティングしたり、社内の他部署の社員をヘッドハンティングします。寄せ集めのような部署であっても時間があればチームビルディングから始められるのですが、短期決戦の場合はそういうわけにはいきません。とにかく人集めに奔走します。「最高のチーム」を作らないと、与えられたミッションをクリアできないからです。責任者という立場を背負う上で重要となるのは「人」です。

経営陣に新規事業の企画を提案するとき、「解決すべき課題」から話が始まる場合が多いですが、それ以前に重要になるのが「なぜ自社がこの事業に取り組むのか？」を明確にすることです。その課題に対する解決戦略が論理的に展開していても、自社がやるべき本質的な理由がなければ提案はムダになってしまいます。課題が具体的であればあるほど、経営陣は「この事業には先行投資する価値がある」などと感じるように

第6章 ロジカル思考

なるでしょう。新規事業の提案に関して、ロジカル思考をもとにした説明は、経営陣にとって非常に説得力のあるものとなります。

　ジェフ・ベゾス氏は「現実は決して計画通りにはいかない。しかし、計画を立て、それを書き表すというトレーニングによって、そこにあるさまざまな問題点をよく考えることができるし、それによって考え方や気持ちが整理され、気分も良くなってくるんだ」と語っています（※）。

※出所：『ジェフ・ベゾス　ライバルを潰す仕事術』（桑原晃弥、経済界新書、2015 年）

「書く」という行為は、自分の考えを整理する際に役立つだけでなく、コミュニケーション能力の向上も期待できます。1つの事柄を明確かつ論理的に説明できるようになることで、他者との意見交換がスムーズになります。

　また、プロジェクトの進行を客観的に管理するという意味ではタスクリストも必須です。新規事業開発の伴走支援をしていると、意外とこれができていない現場が多いことに気づきます。新規事業は未知の領域が多く、不明な点を明確にし、進行上の課題をすべて可視化し、1つ1つの課題に対し優先順位、期間、担当者、進捗を明確にし、タスクを管理する必要があります。小さなことをあと回しにして、対応が遅れることで、のちに大きな問題に発展することもあります。そのためにもロジカルな管理・整理能力が必要です。

　多くの新規事業開発の伴走支援を行なってきて、チームビルディング、アイディエーションまでは何とかできても、そのあとの事業化する段階になって、事業計画の書き方といった基本的なスキルや事業戦略や事業構想といった視点が欠落している場合も多くあります。これは、組織が肥大化することで業務が細分化し、目先の業務にしか対応できていないことなど、組織自身の問題もありますが、経営戦略にかかわる部署にで

もいない限り、自社の経営について考えている人はあまりいません。

　経営者だけの話で自分には関係ないと思う方も多いかと思いますが、新規事業は数人の部署から長期的で持続可能なビジネスを0→1で立ち上げるわけですから、事業全般にかかわる全般的な知識や経験も必要になります。

事業計画書はどう作ればよいのか？

　リーンキャンバスが出来上がると事業計画書の輪郭が見えてきます。
　事業計画では、具体的な行動計画「誰が、いつまでに、何を、どのように行動するか？」「いくら必要で、いつ売り上げが立つか？」を明確にする必要があります（次ページ図6-3）。事業計画における目的は次の3つです。

①社内承認：経営陣、または担当責任者に事業推進と予算を承認してもらう
②意思統一：経営陣、関係各所に自分たちの事業の理解と協力を求める
③事業推進：計画通りに進んでいるかを確認する

　ただし、新規事業の提案ですから内容が飛躍していたり、現状では市場の想像がつかなかったりする場合もあり得ます。また、最初は「否定される」「嘲笑される」くらいの内容でなければ、独創性も新奇性もありません。新しい市場を開拓することになるので、現時点では顧客ニーズや市場規模がよく見えない提案になることもあるでしょうが、さまざまな角度から、妥協せず実現に向けた調査・研究をした上で提案する必要があります。

事業計画書の構成

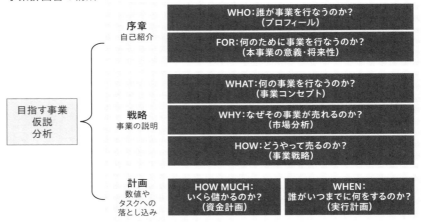

図6-3　事業計画の構成

　私が新規事業の企画立案をする中で心がけているのは「99％不可能でも1％の成功確率は100％ある」と信じることです。妄想のようなプランを客観的で論理的な事実にもとづいた未来への直感として提案できるようになるまで、必死になって探求と調査を行ないます。点と点を辿って行くと、いずれどこかで説明可能な接点を発見できます。もちろん、創造的で新奇性が高いほど実現可能性は低くなります（実際、多くの人から「不可能だ」と言われます）。創造性と論理性は対極にあるものですが、新規事業開発においては両者を統合するという高度なスキルが必要になります。

 ## ロジカル思考の限界

　革新的なアイデア、成長戦略、成功事例を多数紹介している「Inc.

magazine」というアメリカのビジネス誌があります。この雑誌が実施した、急成長した未上場企業のリスト「Inc.5000」を対象にした調査によれば、事業計画を策定した企業は 40% で、そのうち 65% がもとのアイデアとは極めて異なる事業展開で成功しているそうです。

　この調査結果から、成功する企業は初期の事業計画に固執することなく、状況の変化に柔軟に対応する能力を持っていることがわかります。**事業計画があっても、新しいアイデアを柔軟に取り入れたり、ピボットして市場の変化に合わせて戦略を修正することで、プロジェクトを成功に近づけるのです。**

　また、一度計画を立てると「計画通りにやらなければならない」という心理が働き、計画そのものが目的化してしまい、セレンディピティー（思いもよらなかった偶然がもたらす幸運）が生まれにくくなるという問題もあります。計画に縛られてしまうことで、失敗や予期せぬ結果の中にある、新たな可能性やアイデアを見落としてしまうのです。

　セレンディピティーの有名な事例として 3M の「ポストイット」があります。3M の科学者スペンサー・シルバー氏は強力な接着剤の研究をしていましたが、目指していたものとはまったく異なる、「接着できるものの、簡単に剥がれてしまう」という失敗作が偶然生まれました。使いみちが見つからないまま 10 年が経過しました。しかし、この失敗作は最終的に「ポストイット」として商品化され、大成功を収めます。

　事業計画なしで大成功した事例もあります。

　2012 年にリリースされたスマホ用パズルゲーム「パズル＆ドラゴンズ」（パズドラ）は、日本国内での累計ダウンロード数が 6200 万を超え、スマホゲーム史上歴代トップ 5 に入る成功を収めました。2013 年 4 月には開発元であるガンホー・オンライン・エンターテイメントの時価総額は 1 兆円を突破し、ソーシャルゲームの成功事例として、国内だけでなく国外においても知られることとなりました。

　ガンホーの森下一喜社長は、「いわゆる KPI（重要業績評価指標）の

管理を意識したことはありません。マネタイズ（収益化）という言葉も一度も使ったことがありません。事業計画も作っていません」と語り、詳細な事業計画や市場調査を行なわず、直感と経験にもとづいて妥協せず、魂をこめて開発したと述べています（※）。

※出所：東洋経済オンライン「『パズドラ』大ヒットの真相」
https://toyokeizAI.net/articles/-/13026?page=5

　私はあるプロジェクトで、ガンホー・オンライン・エンターテイメントの創設者、孫泰蔵氏から新規事業のノウハウやマインドの多くを学ばせていただきました。発想の拡散と収束、呼吸をするように進化・深化するプロジェクトの現場はとても過酷でしたが、思考の枠を自由に広げて妄想し、逆に事実を限界まで突き詰めて掘り下げ、本気でやりたい不可能を可能にする体験をさせていただきました。最終的に、研究開発費だけで数千万円を投下したそのプロジェクトはとん挫してしまいましたが、のちに数10兆円という大きなビジネスアライアンスのきっかけを作りました。

　孫泰蔵氏は東洋経済オンラインのインタビューで「事業計画は邪魔」、「今あるもののちょっとした改善ではなく、今までになかった新しい製品・サービスを生み出すことです。そのためには創造的な思考や閃きが求められますが、それは計画を立てて、その通りに達成できるようなものではありません」と述べています（※）。

※出所：東洋経済オンライン「孫泰蔵が『事業計画は起業の害』と考える深い訳」
https://toyokeizai.net/articles/-/456120

　事業計画は必要なのか？　それとも必要ないのか？　一概にはどちらが正しいとは言い切れません。事業計画がない場合、経営陣との信頼関係や起案者や開発者の絶対的な経験値と信念にもとづく直感が必要になりますが、凡人に真似できることではありません。

　この本をお読みの皆さんは作るようにしてください。なぜなら経営陣

との信頼関係や、経験値が圧倒的に不足しているわけですから。まずは計画を立て、目指す事業を明確にし、経営陣と進捗を共有しながら着実に進めることをおすすめします。

たとえば、当初の計画がいきなり変更になったりすると、経営陣は不安になります。そうした変更を理解してもらうためにも、経営陣とのコミュニケーションツールとしての事業計画は必要です。

ちなみに、私は経営陣と新規事業部のコミュニケーションが取れていない案件は、お断りする場合があります。新規事業部の部長と経営陣やトップとしっかりコミュニケーションがとれていないまま進行すると、双方にとって良い結果を得られないことが多いからです。経営陣に新規事業への理解がなく、単に新規事業部に丸投げして「やらせておく」といった状態では、提案がなかなか理解されず、何度も却下されることがあります。また、ほかの事業部からの協力が得られなかったり、別の事業部の新規事業と競合状態になったりして、プロジェクトメンバーに精神的な負荷がかかり、新規事業部のモチベーションが下がってしまうことが多いのです。

MBAは必要なのか？

ロジカル思考といわれて真っ先に思い浮かぶのが「MBA（Master of Business Administration：経営学修士）」ですが、25年以上グロービス経営大学院でMBAの講師を務め続けている松林博文氏とお話ししたときに、こんなことをおっしゃっていました。

「ビジネスの基本としてMBAを学ぶことは大切だが、それにとらわれ

すぎるのも問題がある。学ぶことは大切だが、ときにはロジカルな思考が内発的動機を押さえ込んでしまう場合もある」

『ゼロ・トゥ・ワン』（NHK出版、2014年）の著者で、シリコンバレーを代表する起業家のピーター・ティール氏も、「MBAがイノベーションを妨げる可能性がある」と指摘しています。彼は、MBAプログラムが安全を求めてリスクを避ける思考を育て、真の起業家精神や革新的な考え方を欠如させると述べています。

また、イーロン・マスク氏もMBAに対して否定的な考えを持っており、自社の採用候補からMBA保持者を意図的に除外しているという噂もあります。そしてスティーブ・ジョブズ氏にいたっては、大学をわずか6カ月で中退しています。このように多くのビジネスエリートが憧れるカリスマたちはMBAを持っていないのです。

『シリアル・イノベーター 「非シリコンバレー型」イノベーションの流儀』（アビー・グリフィンほか、プレジデント社、2014年）という本の中に「シリアル・イノベーターがビジネス知識を広げるためにMBAをとることはあまりない。優秀なシリアル・イノベーターは優れた観察者であり、独学者だ」とありました。

では、MBAは必要なのでしょうか？ それとも、必要でないのでしょうか？

必要です。なぜなら、あなたの組織はおそらく「起業家精神に溢れた企業」でもなければ、あなた自身もイーロン・マスク氏やスティーブ・ジョブズ氏のような天才ではないからです。ロジカル思考は、モノをより効率的に量産して販売する生産性重視の社会では効果を発揮しますが、複雑で曖昧な現代の環境でロジカル思考だけでは限界があります。現代のビジネス環境は、変化が激しく、複雑な問題が多く存在するVUCAの時代です。これらの問題には、より柔軟で創造的なアプローチが求められます。

また、AI が進化することでロジカル思考の持つ優位性が AI の能力に置き換えられるようになりました。ロジカル思考は、膨大なデータを分析し、最適解を導き出す能力に優れていますが、AI は人間の能力をはるかに超えた膨大な量のデータを迅速かつ正確に処理できます。この先、ロジカル思考の多くの部分は AI にアウトソーシングされ、論理的思考の優位性は低くなります。原則として MBA は合理的かつ効率的に量産する環境や、データから最適解を導きやすい環境には向いていますが、発想を飛躍させたり、イノベーションを起こす創造的環境には適応できなかったりします。

　だからと言って、私は MBA の習得を否定しているのではありません。ビジネスの基礎力としては必要であることは間違いありません。ロジカル思考を身につけることで分析能力が向上し、問題解決能力や合理的思考力が使えるようになり、企画の提案などの説得力が増し、アウトプットが得意になるのは確かです。一方でロジカル思考だけでは手に負えない時代になってきているのも事実です。ロジカルに最適解を出すことができても、最終的にそれを判断し、実現するのは人間の直感なのです。

第 6 章　ロジカル思考

第 **7** 章

クリエイティブ・マネジメント

「3つの思考」の傾向を知る

　これまでアート思考、デザイン思考、ロジカル思考について解説しました。
　アート思考は自分自身を起点に感性や直感を重視し、内発的動機、つまり自分自身の信念や価値観にもとづいた創造的アプローチで今までにないアイデアを生み出します。デザイン思考は、顧客自身も気づいていなかった深層的なニーズや共感を起点にして、課題を発見・解決します。そしてロジカル思考は、感情や直感に頼らずに、物事を客観的かつ論理的に整理し、筋道を立てて考えることです。
　私はセミナーで、3つの思考の違いをわかりやすく理解していただくために、参加者の方たちに次のような質問をしています。皆さんも一緒に考えてみてください。

〈質問〉
　あなたには付き合っている女性がいます（女性の方も男性のつもりになって考えてください）。その彼女の前に突然バラの花10本を持った別の男性が現れ、プロポーズしてきました。その状況に対して、あなたがロジカル君、デザイン君、アート君だったら、それぞれどんな対応するかを想像してください。

　「あなたがロジカル君だったらどうしますか？」という質問に対して最も多い回答が「バラの花10本に対して100本を贈る」です。そのほかは「バラの花以上の価値があるモノ、高価なモノを贈る」といった即物的な対応です。または、「さまざまなデータから最適解を探し出す生成AIに聞く」というのもロジカル君らしい対応です。

次に、「あなたがデザイン君だったらどうしますか？」という質問をします。

　デザイン君の場合「彼女に指輪をプレゼントする」が最も多い回答でした。プロポーズのときにもらってうれしいものや演出に関するアンケートによれば、約70％の女性が指輪、約48％の女性が花、約38％が食事と答えています（※）。それ以外の回答を挙げると「彼女がバラよりも好きな花を贈る」「彼女が好きな場所へ一緒に行ってプロポーズする」「彼女が驚くようなプレゼントをする」などでした。これらの回答に共通することは、すべての主語が「彼女」になっていることです。

※出所：「プロポーズに関する調査」2016年、パティスリーフラワー調べ

　さて、一番難しいのはアート君ですが、ここは自由に発想してください。

　さまざまな回答がありました。たとえば、「心をこめて手紙や詩を書く」「絵を描く」「彼女のために曲を作る」など、芸術的なアプローチで気持ちを表現をするといったものが多くなります。このほか「ライバルのことなどまったく気にしない。自分の気持ちをストレートに言葉で伝える」とか、ユニークな回答としては「花束くらいで心変わりするような彼女とは別れる」「重婚できる国に移住して3人で暮らす」などの回答がありました。これらの回答では、主語は「私」となっています。

　私（柴田）の回答は、「ライバルは気にせず、自分のやるべき作品（仕事）に専念する」です。なぜなら、彼女はありのままの私が好きなのだから、ありのままの自分でいることが、バラの花や指輪よりも価値が高いからです。おわかりのように「私」が起点です。この考え方は、エゴイスティックで自分勝手なようにも思えます。確かに、私もアート思考のおかげでこれまで何度か離婚の危機に見舞われました（笑）。

　実は、このお題の元ネタはスティーブ・ジョブズ氏の言葉です。

　彼は「美しい女性を口説こうと思ったとき、ライバルの男がバラの花

第7章　クリエイティブ・マネジメント　　145

を10本贈ったら、君は15本贈るかい？　そう思った時点で君の負けだ。ライバルが何をしようと関係ない。その女性が本当に何を望んでいるのかを、見極めることが重要なんだ」と言っています。

「15本贈る」のはロジカル君的な物量による勝負。
「女性が本当に何を望んでいるのかを、見極める」のがデザイン君の顧客中心の考え方。
「ライバルが何をしようと関係ない」のがアート君の自分軸。

　ジョブズ氏の言葉からわかるのは次のことです。

「量が多い／少ない、価格が高い／安いで勝負したり、他人と比較して競争するのではなく、自分自身の信念や価値観にもとづいて行動することと、自分自身の美意識や独創性に自信を持つべきである。ただし、ユーザーが本当に望んでいることを見極めることも重要である」

　独りよがりな思いだけでは誰にも認めてもらえません。ジョブズ氏は「ロジカル思考では勝てない」と言いますが、ロジカル思考は物事を客観的に評価したり、データや事実にもとづいた意思決定をしたり、さらに人にわかりやすく説明するときの基本的な能力として必要になります。

　さて、3つの思考の違いをご理解いただけたと思います。このように、3つのどれか1つが一番良いということではなく、3つの思考を使い分け、高速に切り替えて思考する必要があるのです（図7-1）。

　アート思考は、内発的な自分軸の直感で「創造性」を発揮する。
　デザイン思考は、相手を思いやる共感から「想像力」を発揮する。
　ロジカル思考は、客観的かつ冷静に物事を「判断・評価」する。

146

要素	アート思考	デザイン思考	ロジカル思考
思考の軸	自分軸	顧客軸	客観
起点	内発	外在	事実
アプローチ	Whyから直感	Howで共感	根拠の分析
思考の場所	心で感じる	頭で考える	論理的思考
動機	自分がやりたい	利用者のためにやる	課題解決と目標達成
求めるもの	新たな「正解」の創造	「正解」を求める	論理的な正解と一貫性
知識の領域	未知	既知	既知と未知の論理的関連
スキル	創造性 (creativity)	創造力 (imagination)	論理性 (logic)
結果	正解を超えた未知の感動	ニーズを満たす正解	実証可能な結論

図7-1　アート思考、デザイン思考、ロジカル思考の違い

　3つの思考を組み合わせて活用することで、変化する状況に対して多角的な視点で、かつ柔軟に対応できるようになり、包括的で革新的な解決策や新たな価値を発見し、形にすることができます。この思考を使いこなせれば、仕事に限らず、自分の内発的にしたいことを起点に、本質的な価値を発見することができるようになり、生活はもっと豊かになるはずです。これが、本書で伝えたいクリエイティブ・マネジメントです。

　クリエイティブ・マネジメントは、私自身がさまざまな新規事業の立ち上げで使ってきた思考のフレームワークで、アート思考、デザイン思考、ロジカル思考を統合し、組織が今までにない新しい価値を生み出すのに役立つ思考の「型」です。アイデア創発から事業化に向かうプロセスの各フェーズで、アート思考、デザイン思考、ロジカル思考を活かすことで新規事業の成功確率は確実に上がります。

拡散思考

　数多くのアイデアを生み出すにはどうしたらよいでしょうか？　アイデアを生み出す上での大きな枠組みは拡散と収束です。まず自由にアイデアを出すためにワークショップやブレスト（ブレインストーミング）を行ないます。アイデアを生み出すフェーズでは拡散思考を駆使します。既成概念にとらわれず、自由な発想を心がけます。発想に制約を設けず、思いつくままにアイデアを出すことが重要です。とにかく多くのアイデアを出すようにします。さまざまな可能性を広く深く探求し、創造的な解決策を見つけるための重要なフェーズです。実現可能性よりも自由な発想、多様性やアイデアの量を重視することで、新しい視点やアイデアを多産します。

　2004年頃、音楽配信事業を手がけるベンチャー企業にいた私は、今までにない画期的な音楽プレーヤーの開発に携わっていました。ブレストでは初めのうちは、「友だちに音楽をシェアできる」「ライブ会場でその日のライブ音源が買える」「音楽プレーヤーで作曲ができる」など、音楽に関するアイデアから始まりました。
　音楽とライフスタイルを結ぶ「いつも身につけていたい音楽プレーヤー」というテーマでアイデアを拡散していくと、次第に「英語が勉強できる」「計算機がついている」「地図が見られる」「買い物ができる」「ドライヤーがついている」などというアイデアまで拡散しました。この段階では、「そんなバカな！　誰が使うの？　音楽プレーヤーに搭載できるわけないよ」というアイデアでもOKです。
　こうして拡散したアイデアを次第に収束させ、技術的な未来を予想した結果、最終的にはネットワークに常時接続した大量の音楽が聴き放題

になる「コネクテッドプレーヤー」というコンセプトが完成しました。

　当時は、音楽プレーヤーに楽曲をダウンロード購入するスタイルでしたが、2015年に定額料金で音楽をストリーミングで楽しめるサブスクリプションモデル「Apple Music」が登場しました。つまり、私たちは、その10年以上前の2004年の時点で、すでにストリーミング音楽プレーヤー、つまり今のiPhoneを開発していたのです。

　当時はまだWi-Fiが普及しておらず、ストリーミングで音楽を聴ける環境が限られていたため、残念ながらその音楽プレーヤー事業は実現に至りませんでした。まだiPhoneが存在していない頃に生まれた数多くのアイデアの中には、のちにiPhoneで実現されたものも数多くあります。実は、私たちが考えた音楽プレーヤーのアイデアはスティーブ・ジョブズ氏の目に留まり、のちに日本におけるiPhone発売のきっかけになりました。

　自由な発想をうながすために必要なことは心理的安全性です。「こんなことを言ったらバカにされるのではないか、否定されるのではないか」という雰囲気にならないように注意し、チームのメンバーが自由闊達に意見を交換し、リスクを恐れず創造的なアイデアについて安心して対話できる環境を整えることが大切です。

収束思考

　アイデアを拡散させただけでは、新規事業を実現することはできません。拡散したら次は収束思考のフェーズに入ります。それまでに生まれた多くのアイデアを、自社のアセット、パーパス、実現可能性などを考慮して、優先順位をつけながら絞り込んでいきます。

収束思考とは、**複数のアイデアや情報を評価し、最も先進的でありながら実現可能な解決策に絞り込む思考法**です。これは、問題解決や意思決定のプロセスにおいて、多様な選択肢を比較・検討し、具体的な行動計画を策定する際に用いられます。収束思考は、論理的かつ客観的な判断を重視し、データや証拠にもとづいて最適な結論を導き出します。評価基準には、実現可能性、コスト、リスク、影響力などが含まれ、これらの基準にもとづいて客観的に各アイデアを比較します。

　次に、評価の結果をもとに、仮説検証を行ないながら最も効果的で実行可能なプランを選定します。この段階では具体的なデータや事実を重視し、客観的な視点から判断を行ないます。最終的に選ばれた解決策を実行するための詳細な計画を立て、実行に移します（図7-2）。

図7-2　拡散思考から収束思考へ

アイデアを事業化するまでの流れ

　アイデアの「種」を蓄積し、アイデアを生み出すところから、ニーズ検証、経営陣の承認を得て世に出すまでの一連の流れについて説明します。
　具体的には、次の5つのプロセスとなります（図7-3）。

①情報の集積
②アイデアを妄想
③ひらめき
④ニーズ検証
⑤事業計画

図7-3　「ひらめき」から実現へのプロセス（拡散思考→収束思考）

この①〜⑤の流れは、あくまで一例です。プロジェクトの内容や組織の状況によっては有効でない場合もあります。また、スタートがアート思考ではなく、デザイン思考、つまり顧客のニーズからアート思考で独創的なアイデアを生み出す場合もあります。とにかく3つの思考を回していくことが重要です。

1 情報の集積

新規事業開発のスタートラインは、一般的にはアイデア発想から始まります。しかし、そもそものインプット量が少なくてアイデアの「種」がない場合は、いくらアウトプットしようとしても、アイデアはすぐに尽きてしまうでしょう。アイデアが生まれない原因の1つは、インプットの蓄積が不足していることです。

たとえば、過去、現在の社会情勢にとどまらず、「未来の社会がどうなりそうか」を予想してみる。あるいは、自社の市場や業界だけでなく、「ほかの業界における新規事業の取り組みはどうなっているか」を調べたり、そもそも自社がどんな商品、技術、アセットを持っているかをしっかり把握するといったことです。

多くのアイデアを生むためには大量のインプットが必要です。さまざまなことに興味を持ち、日常の中で気になったことや感心したこと、ユーザーの行動、世の中のトレンドなどを日ごろからよく観察して、アイデアの「種」を蓄積する習慣を身につけます。

2 アイデアを妄想（起点）

アート思考を活用してアイデアを生み出す段階では、自分自身やチームメンバーの内発的動機や情熱を見つけ出し、それをビジョンとして明確にすることから始めます。この起点がとても重要で、社会一般のざっくりした「少子高齢化」や「環境問題」といった大きな課題ではなく、「自

分ごと化＝内発的動機」を起点とします。

　内発的動機の事例としては、大ヒットしたシャワーヘッド型美顔器「ミラブル」を生んだ株式会社サイエンスの取締役会長、青山恭明氏のインタビューがわかりやすいです。

　青山氏の娘さんは重度のアトピー性皮膚炎で「うわ、きったなー」とか「それ伝染らんの？」と学校で言われて傷つき、毎日泣いて帰ってきたそうです。そこで、さまざまな方法を試し、辿り着いたのが、塩素を取り除くシャワーヘッドの開発でした。

　当時は、「飲み水ならまだしも、体を洗う水を浄水して何になる」とバカにされたそうですが、使い始めて2カ月程度で娘さんの症状に改善が見られたそうです。その後、本当に効果があると徐々に認知され、大ヒット商品になりました（※）。娘さんのアトピーを治したいという強い思い（＝内発的動機）から生まれた発明です。

※出所：another life.「もっと家族を幸せに。最愛の娘たちから教わった自分の使命。」
https://an-life.jp/article/1059

　このときに重要なのは「自社の利益」を起点にしていないことです。もちろん、収益をあげることは必須ですが、儲かるか儲からないかではなく「自分がこの会社で何がしたいか？」「この会社は社会にどのような価値を提供できるか？」と考え、それを起点にします。もし、あなたが自社の収益増のためだけに「仕方なくやらされている」新規事業であれば、成功確率は限りなくゼロに近いでしょう。なぜなら、今までにない新しい価値を創造することは、並大抵の覚悟では実現できないからです。強い内発的動機が必要です。

　たとえ今、自分の中に内発的動機がなくても、自社内、自分の両親や友人、またはニュースを見て課題を感じたり、興味を持ったら、**まず現場に行って自らの目で見て、生の言葉を聞いて、体で感じて、その人たちの気持ちに共感し、とことん向き合い、とことん考えてください。自分が本気で解決したいと思った問題が、いつか内発的動機に変わります。**

第7章　クリエイティブ・マネジメント　　153

世界は課題に満ち溢れています。もしその課題が、自社の持つ技術や商品を活用することで解決できるとしたら、ワクワクしませんか？

　新規事業開発とは、私たちの日常にある本質的な課題に対して、「自社の技術・サービスを活用して解決したい」「新たな方法を発明して世の中を豊かにしたい、便利にしたい」と感じたことを起点にアイデアを発想し、それをビジネスの形にすることだと考えてください。

3　ひらめき

　ひらめきは、論理や計画的な思考だけでは到達できない、創造性や直感にもとづく発想の飛躍です。ひらめきは突然、訪れます。一般に、入浴中、散歩中、寝る前など、脳がリラックスしているときにひらめきやすいといわれています。しかし、**ただボーっとしていればひらめきが訪れるわけではありません。ひたすら考えをめぐらし、さまざまなアイデアを熟考し、試行錯誤を繰り返した末に、それまでの経験や知識の蓄積が、ある日突然新たな結合を起こしたときに、ひらめきは訪れます。**

　ある課題に深く集中しすぎると、考え方が偏りやすくなり、新しいアイデアや視点が見えにくくなることがあります。そんなときは、意識的に「考えることをやめて」突き詰めた思考の枠組みを手放すことをおすすめします。

　一度思考を手放して、新しい視点や可能性を受け入れるために思考の余裕を作るようなものです。入浴中や寝る前の状態では、脳が「ぼんやりしている」ように感じるかもしれませんが、実は脳のデフォルト・モード・ネットワーク（DMN）が活発に働いています。DMN は過去の記憶や経験を再構築し、新しいアイデアやつながりを生み出すプロセスを助ける重要な役割を担います。なお、DMN については次の章で詳しく説明します。

4 ニーズ検証

次に、アイデアを具体化するためにプロトタイピングを行ないます。プロトタイピングの主な目的は、製品のコンセプト、デザイン、機能を可視化し、開発チームやステークホルダーと共有したり、経営陣にプロジェクトの承認を得ることを目的にします。

私の場合は、利用イメージの動画を作成してプレゼンしたりします。「この製品・サービスを利用すると、こんなことができて、こんなに便利になる。こんなに楽しくなる」というイメージが伝わる動画とともに説明することで、経営陣も企画のイメージが湧いて具体的に評価・検討できます。また、自分たち自身も「何を目指して、どんなものを作りたいのか？」を再確認することができるので、大切なプロセスです。

続いて、いくつかに絞り込んだアイデアに対して、デザイン思考を用いて本当にユーザーが求めているかどうかを検証します。ユーザーの言動を観察したり、ステークホルダーにインタビューしたりしながら、思考と洞察を繰り返すことで具体的なニーズを明確にします。

また、ユーザーの潜在的なニーズを洞察するプロセスから新しい別のアイデアが生まれることもあります。このアイデアも大切にしましょう。大成功した新規事業の中には、**当初想定していた製品・サービスと、実際にビジネス化したものがまったく異なる場合もあります。** その場合は「ピボット（路線変更）」をします。当初のビジネスモデルや製品が市場で予想通りに受け入れられない場合に新たな方向性を模索し、戦略を変更します。

これは本来の目的から外れるように思われますが、実際の現場ではよくあることなので柔軟に対応しましょう。常に「アイデアのニーズを確認する」「ニーズからアイデアを生む」という作業を行き来しながら、多くのアイデアを生み出しながら検証を続けます。

第7章 クリエイティブ・マネジメント 155

新規事業開発が失敗してしまう大きな理由は、顧客ニーズを検証せず、自分たちの思いつきや思い込みのまま進めて、製品・サービスをリリースしてしまうことです。スタートアップの撤退要因を調べた調査でも、「市場が存在しなかった」が撤退理由の第1位に挙げられています。

　そこで重要なのが「PMF（プロダクト・マーケット・フィット）」です。**PMFとは提供する製品・サービスが市場のニーズや要求に完全にマッチしている状態を意味します**。顧客が製品・サービスを強く求めている状態で、顧客が製品を使い続け、ほかの人にもすすめるような状況がPMFの指標となります。製品の機能、価格、使いやすさなどが市場の期待に合致していることが重要です。

　想定される顧客に対し、「この製品どう思う？」というインタビューだけでは信ぴょう性の高いフィードバックを得るには限界があります。インタビューでは「いいね」「欲しいと思う」という反応が得られても、いざ蓋を開けてみればまったく使われないというケースがよく見られます。

　そこで必要になるのが最小限の実行可能製品「MVP（ミニマム・ヴァリュアブル・プロダクト）」です。**MVPを活用して顧客の反応を収集し、製品を改良していきます**。

　MVPは、とにかく早く、安く、必要最低限の機能を持つ試作品を作成します。MVPを実際にユーザーに試してもらい、フィードバックを収集し、ユーザーテストの結果をデータとして収集・分析します。分析結果をもとに改良を重ね、再度テストを行ないます。

　MVPのほかに、すでに販売しているかのような提案資料を作成し、仮の金額も提示して、得意先に営業のシミュレーションを行なうこともあります。極端な話、この時点で受注できれば確実に売れる製品だとわかるため、成功確率は格段に上がります。

　なお、MVPとプロトタイピングの違いは図7-4の通りです。

項目	MVP	プロトタイピング
目的	ユーザー検証と市場適合性の確認	デザインや操作性の検証
対象	実際のユーザー	開発チームや限られたステークホルダー
完成度	最小限の機能を備えた製品	動作しない場合もある試作品
アウトプット	実際に使用できる製品	モックアップや試作品
テストの範囲	市場全体での反応や利用状況	設計、操作性、見た目などの検証

図7-4　MVPとプロトタイピングの違い

　この段階では、実行に向けて具体的なプロジェクト計画やタスクリストをもとに、スケジュール、リソース、予算などを明確にします。製品の開発、サービスの提供、マーケティングキャンペーンの展開などを想定し、実行中の進捗タスクリストをモニタリングしながら、必要に応じて計画を調整します。問題が発生した場合には迅速に対応し、プロジェクトの成果を評価して目標が達成されたかどうかを確認します。最後に、チームやユーザーからのフィードバックを収集し、今後のプロジェクトに活かします。

アジャイル開発

　実際の製品・サービスを開発する段階でクリエイティブ・マネジメントのフローにアジャイル開発の柔軟性と迅速性を加えることで、効果的かつ創造的な新規事業の立ち上げが可能となります。

　アジャイル開発が生まれた背景には、従来のウォーターフォール型開発の限界に対する反省があります。ウォーターフォールモデルでは、あらかじめ確定された仕様にもとづいて、各工程が順序立てて進行するため、一度進んでしまうと、あと戻りするのが難しくなります。すると短

期間で変化する市場に対応できなかったり、完成が近くなって初めてテストが行なわれるため問題の発見・修正が遅れるリスクが高まったりします。特に新規事業は不確定要素が多いままプロジェクトが進行するため、仕様変更が発生するとコストが積み重なっていきます。

　こうしたウォーターフォールモデルの欠点を克服すべく考えられたのがアジャイル開発モデルです。これはわかりやすく言えば、仕様書通りに一気に完成させるのではなく、全体を小さな部分に分けて、開発中に発生する状況の変化やニーズの変更などに柔軟に対応しつつ、頻繁に見直しや改善を行ないながらプロジェクトを進行させる開発法です。

　2001年、アメリカのユタ州スノーバードで17人のソフトウェア開発者が集まり、アジャイルソフトウェア開発宣言（アジャイルマニフェスト）を発表しました。この宣言は次の4つの価値観と12の原則から成り立っています。

〈4つの価値観〉
①プロセスやツールよりも個人と対話を重視
②包括的なドキュメントよりも動くソフトウェアを重視
③契約交渉よりも顧客との協調を重視
④計画に従うことよりも変化への対応を重視

〈12の原則〉
①顧客満足のために早く継続的に価値あるソフトウェアを提供する
②要求の変更を歓迎し、競争力を高めるために変化を活用する
③動くソフトウェアを頻繁に提供し、数週間から数カ月の短い期間を好む
④開発者とビジネス担当者が日々一緒に働く
⑤意欲的な個人によってプロジェクトが進められるようにする
⑥情報伝達の最も効果的な方法は対面での会話
⑦動くソフトウェアが進捗の最も重要な尺度

⑧アジャイルプロセスは持続可能な開発を促進する

⑨技術的卓越性と良い設計に対する継続的な関心が機敏さを高める

⑩シンプルさ（作業量を最少にすること）が本質

⑪自律的なチームが最良のアーキテクチャ、要件、設計を生み出す

⑫チームは定期的に振り返りを行ない、より効果的になるための方法を
調整する

　急速に進むテクノロジーや市場の変化に対し、敏速に対応する手段として重要な開発方法です。新規事業立ち上げの1つの方法として頭に入れておいて損はないでしょう。思考の拡散と収束を繰り返し、アイデアを生み出し、アート思考、デザイン思考、ロジカル思考をフェーズごとに切り替え、アジャイルで敏速に開発するクリエイティブ・マネジメントを実践することで、効果的かつ創造的な新規事業の立ち上げが可能になることは間違いありません。

5　事業計画

　事業計画については「第6章　ロジカル思考」を参考にしてください。

　事業計画は仮説検証や市場調査の前に、社内でプロジェクトを承認してもらうために作成するものと、検証後、本格的に市場へ進出する段階のものとでは内容は当然異なります。アイデアの段階では粗い内容でかまわないので形だけ作っておきます。当初のアイデアは、ニーズ検証や調査・研究をするうちにどんどん変化します。事業計画書は、一度作って終わりではなく、進行状況や目的に応じて更新・改善することが重要です。

　このように、アイデアを事業化するまでの5つのプロセスを行ったり来たり何度も繰り返しながら、思考の拡散・収束を繰り返し、ときにアート思考の内発的動機を確認し、ときに内発的動機を確認し（アート思

第7章　クリエイティブ・マネジメント　　159

考）、ユーザーの本質的なニーズを洞察し（デザイン思考）、さらに論理的かつ客観的に判断するプロセス（ロジカル思考）を繰り返しながらアイデアを形にしていくのがクリエイティブ・マネジメントです。

第 **8** 章

創造性を
ビジネスに活かす

なぜアイデアを多産する必要があるのか？

　リコー経済社会研究所が中心となって発足した「はたらく人の創造性コンソーシアム」が行なったアンケート結果によれば、創造性を「重要」と認識するポジティブな回答は日本では61.3％、米国では91.5％と、2国間で明らかな差が見られたそうです。また、「会社で創造性発揮が奨励・支援されているか」という問いに対しては、「奨励・支援されている」というポジティブな回答が日本では45.0％、米国では83.2％で2倍近くの差がありました（※）。

　日本人が自らの創造性を過小評価している点も否めませんが、このデータから日本人が創造性を「一部の天才だけのもの」と誤解し、「自分とは関係がない」とあきらめてしまっている可能性も指摘されています。これは国民性だけでなく、「あらかじめ用意された正解を求める答え合わせ的な」教育といった背景も大きく影響していると思われます。

※出所：リコー経済社会研究所「はたらく人の創造性アンケート調査　意識と取り組みの日米比較」
https://jp.ricoh.com/-/Media/Ricoh/Sites/jp_ricoh/technology/techreport/46/pdf/RTR46a01.pdf

　学生時代は事前に用意された「正解」を知っているか否かで評価され、社会人になると会社からの指示を正確に遂行できるか否かで評価されてきたビジネスパーソンに対して、いきなり「創造性を高めて今までにない画期的なアイデアを考えて、新しい製品・サービスを生み出しなさい！」と命じても、そう簡単に筋のいいアイデアが出てくるものではありません。あたかも今まで工場で働いていた包丁を握ったことがない人に「今まで誰も食べたことのない、おいしい創作料理を作りなさい！」と言っているのと同じようなものです。料理ならまだしも、事業に失敗すれば大損失につながります。そう思っただけで、「かかわりたくない」

「今の仕事で手一杯なので、できれば手をつけたくない」と思う人が大半でしょう。

　実際、私がこれまでにかかわった新規事業開発のプロジェクトでは、経験も知識もないままアイデアを出してはみたが、凡庸なアイデアしか出せないため、長い間停滞が続いた挙句、とん挫してしまったというケースや、実行してみたがすでに他社に先行されていたり、蓋を開けてみたらニーズがなかったなどの理由で収益化まで至らなかったというケースが多く見られました。

　レシピを知っただけではおいしい料理を作れないのと同じように、ジョブズ氏をはじめとする一流のビジネスパーソンに関する本を読んだだけでは新規事業やイノベーションは生み出せません。モチベーションや姿勢はある程度学べるかもしれませんが、彼らとは経験の量や試行錯誤の回数において圧倒的に大きな差があります。また、新規事業開発には、アイデアだけでなく、事業構想、収益構想といった目先の業務の枠を超えた総合的なビジネススキルや経験に加えて何度失敗しても立ち向かう勇気と情熱が必要とされます。「若手を集めてやらせておけば、何かいいアイデアが出てくるだろう」とか、「社内公募でアイデアを集めたものの、その先は未定……」といった安易な姿勢では成功できないということを、経営陣は理解する必要があるでしょう。

　日本の事業全体を見ても新規事業の成功確率は「千ミツ」（1000のうち3つ）といわれます。たとえば、メガベンチャーのDeNAは、2014年からの4年で約40サービスを世に出しましたが、2018年末時点まで継続したのは4〜5サービス程度でした。また、ユニクロ代表取締役会長の柳井正氏は著書『一勝九敗』（新潮社、2006年　※現在、新潮文庫）で、新しい事業の成功率は一勝九敗（成功率は10％程度）と述べています。

　プロの新規事業家として知られる守屋実氏ですら17戦で5勝7敗5分で負け越しています。新規事業の成功確率は良くても10％程度です。

第8章　創造性をビジネスに活かす

成功確率を上げるには、いわゆる多産多死を前提に打席に立つ回数を増やすことです。最初からホームランを打つつもりでバッターボックスに立つよりも、何度打席に立てるか（アイデアの多産）を優先すべきです。

アイデアを生み出す方程式

アイデアを生み出すには、まず「型」を知り、身につけることから始める必要があります。型が身につけば、確実にアイデアを多産できるようになります。ここではアイデアの創出プロセスを①蓄積、②結合、③熟考、④4Bという4つの要素で説明します（図8-1）。

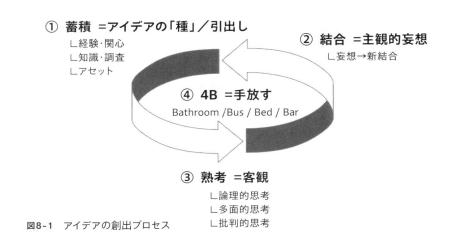

図8-1　アイデアの創出プロセス

1　蓄積＝アイデアの「種」　～多くの引き出しを持つ

広範な情報の収集・学習は、アイデア創出に役立つ豊かなバックグラ

ウンドを形成します。まず日常の些細な「問い」や「気づき」の蓄積を心がけます。自社とは異なる業界・分野の知識、社会課題、トレンド、そして自社の特許（知財）など、自分の視点で蓄積する「問い」や「気づき」は、アイデアの「種」となり、新たな発想（＝新結合）を生み出す土台になります。つまり、多くのアイデアをアウトプットするためには、準備としての膨大なインプットが必要不可欠ということです。

2　結合＝さまざまな要素を自由に結びつける妄想

　アイデアは、①の引き出しに蓄積したアイデアの「種」を既成概念にとらわれず自由に組み合わせることによって生まれます。この考えは、さまざまな分野の専門家によって説明されています。

　たとえば、1940 年に刊行されたジェームス・W・ヤング氏の著書『アイデアのつくり方』（CCC メディアハウス、1988 年）は、いまだに売れ続けている知的発想法のバイブルです。ちなみに、ヤング氏はアメリカの広告業界の第一線で活躍した人物です。

　ヤング氏は「アイデアとは既存の要素の新しい組み合わせ以外の何ものでもない」「既存の要素を新しい組み合わせに導く才能は、物事の関連性を見つけ出す才能に依存する」と述べています。

　同様に脳科学者の茂木健一郎氏も、創造するということは「過去の体験や記憶の組み合わせを変え、結びつきを変えてアウトプットすることだ」と述べています。また、スティーブ・ジョブズ氏も、「創造性とはものごとを結びつけることにすぎない、過去の経験をつなぎ合わせ新しいものを統合する能力が重要である。これは、彼らがほかの人間より多くの経験をしているから、またはほかの人間より自分の経験についてよく考えているからだ」と語っています。

　また、イノベーションという概念の生みの親とされる経済学者ヨーゼフ・シュンペーターは、イノベーションとは「新結合」であると定義しています。また、『イノベーションのジレンマ』（翔泳社、2000 年）な

第8章　創造性をビジネスに活かす　　165

どイノベーションに関する多数の著作を残した経営学者クレイトン・クリステンセン氏も、「一見関係なさそうな事柄を結びつける思考」が重要だと述べています。

　これらの見解を統合すると、引き出しにしまわれているたくさんのアイデアの「種」同士の関連性を発見し、結びつけることで新しいアイデアが生まれるということになります。

3　熟考＝客観的思考

　結合した「ひらめき」を客観的な視点で深く考えることで、その本質を理解し、"有効性"、"優位性"、"実現可能性"を評価し、精緻化できます。批判的思考と論理的分析を通じてアイデアを深く考えることで、「ひらめき」をより実現性の高いアイデアに進められます。

4　4B＝思考を手放す（開放）

『スウェーデン式アイデア・ブック』（フレドリック・ヘレーン、ダイヤモンド社、2005 年）という本によると、「ひらめきはボーっとしている 4B の瞬間に訪れる」そうです。4B とは次の 4 つの「B」のことです。

・Bathroom （入浴中、トイレ）
・Bus （移動中）
・Bed （寝室、睡眠中）
・Bar （お酒を飲んでいるとき）

　これらをまとめると「ボーッとする」の「B」です。
　リラックスした状態や無意識の活動、つまり思考を手放した状態から新たなアイデアが浮かび上がることがよくあります。皆さんも経験があるのではないでしょうか。これは、脳が意識的な努力を離れて、無意識

下で蓄積された情報が自由に結びつけられる、このあと詳しく紹介するDMN（デフォルト・モード・ネットワーク）が活性化した状態になることです。

多様な知識・経験の蓄積、新しい結びつき、深い思考、そして、ひらめきの瞬間が相互に作用し合い、アイデアが生み出されます。このプロセスを意識しながらこの先の実践に活かしていただければと思います。

最新の脳科学から見た創造性

創造性は芸術家だけでなく、科学、技術、ビジネスなど多岐にわたる分野でも必要とされます。個人や組織、さらには社会全体において、その価値がますます高まっていくでしょう。問題解決から競争優位性の確保、個人の成長に至るまで、さまざまな側面で重要な役割を果たす創造性はビジネスや社会にとって不可欠な要素です。

近年、ロジカルな思考は AI の作業に、そして生産性はロボットが担っていく中で、人間に求められる創造性が今まで以上に注目される一方で、「今まで習ったこともない創造性をどうやって身につけるのか？」「それぞれの人に眠っている創造性をいかにしてよみがえらせることができるか？」といったことが大きな課題となります。

市場の変化に対応し、効率的に仕事を進めるときの創意工夫だけでなく、日常が「もっと良くならないかな」「もっとおいしくて独創的な料理は作れないかな」「どうやったらみんながもっと楽しんでくれるだろうか？」といった課題を解決するアイデアはビジネスに限らず日常のさまざまなシーンで活用することができます。

ここでは「創造性とは何か？」について最新の脳科学から紐解いてい

きましょう。

　医学博士である大黒達也氏の著書『芸術的創造は脳のどこから生まれるか』(光文社新書、2020年)をベースに、最先端の脳科学の観点から脳と創造性について解説したいと思います。

　皆さんは「右脳思考、左脳思考」という言葉を聞いたことがあるでしょう。つい最近までは、「創造性は右脳にある」といわれていました。ところが最新の脳科学によると、創造性は右脳だけではなく、脳全体の機能によって生み出されることがわかってきました。

　米ハーバード大学で創造性の研究をしているロジャー・ビーティー博士の最新の学説では、創造性は脳の複数のネットワークが相互に作用することで生まれるとされています。創造性は、3つの主要なネットワークが連携し、図8-2のようなプロセスを経ることで生まれると考えられています。各ネットワークについて簡単に説明します。

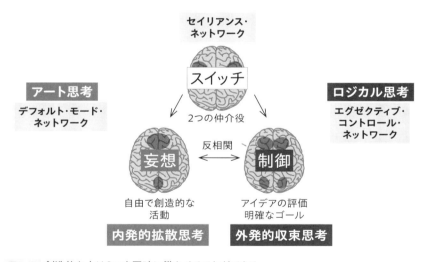

図8-2　創造的な人は3つを同時に働かせることができる

デフォルト・モード・ネットワーク（DMN）
役割：自由連想と内的思考

DMN は、脳が「内的思考」に従事しているときに活性化します。このネットワークは、空想や自己反省、将来の計画、過去の回想などの自由な連想を促進します。これにより、DMN は既存の知識や経験を新しい方法で組み合わせ、潜在的なアイデアの基盤を形成します。この状態は自分軸で妄想するアート思考に近い状態といえます。

アーティストが新しい作品のコンセプトを考えるとき、DMN は過去の経験や感情を自由に結びつけ、新しいイメージやテーマを生み出します。

セイリアンス・ネットワーク（SN）
役割：重要な情報の選別と注意の調整

SN は、内的および外的な刺激の中から重要な情報を選別し、注意を向ける役割を担います。創造的な思考の中で、多くのアイデアが浮かんでくると、SN はその中から最も有望なものを識別し、それに集中するよう脳のリソースを再配分します。

作家が小説のプロットを構築する際、SN はさまざまなストーリーのアイデアから最も魅力的で一貫性のあるプロットを選び出し、その詳細を練り上げるようにうながします。

エグゼクティブ・コントロール・ネットワーク（ECN）
役割：アイデアの評価と実現

ECN は、計画、意思決定、問題解決などの高次認知機能を司り、創造的なプロセスの中で具体的な行動に結びつける役割を果たします。ECN は DMN から生まれたアイデアを評価し、実現可能な形にまとめます。また、SN が選択した重要なアイデアをもとに、具体的な計画を立てて行動に移します。この状態はロジカル思考に近い客観的な思考機能です。たとえば、エンジニアが新しい製品の設計をする際に、ECN

はDMNで生まれた概念を現実の技術や材料にもとづいて評価し、実際のプロトタイプを作成するための詳細な設計図を作成します。

　こうした脳の構造ですが、私は漫才に似ていると思います。
　DMN（アート思考）がボケて、ECN（ロジカル思考）がツッコミを入れるといったイメージです（図8-3）。DMNの「飛躍（拡散）して何を言ってるんだろう？」というボケに対して、ECNが「何でやねん！」とツッコム（収束）ことで笑い（新しい発想）を生み出します。このボケとツッコミの拡散と収束の乖離が大きいほど面白いネタ、ユニークなネタといえるでしょう。また、この関係はボケ同士、ツッコミ同士では成立しません。2人の会話がどのように拡散し、どう収束するかという文脈が笑いのツボになります。

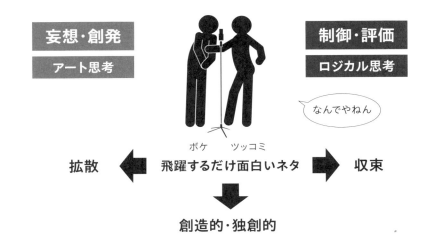

図8-3　DMN（アート思考）とECN（ロジカル思考）の関係

　拡散思考は新しい発想を無数にかつ自由に広げ、新たなものを生み出していく思考です。次の3つの特性を持つといわれています。

①流暢性：短時間で多くの案を生み出す
②柔軟性：1つの概念にこだわらず、広い視点から問題を捉える
③非凡性：ほかにはないオリジナルな案を生み出す

　最新の脳科学では、拡散的思考の高い人ほどDMNの力が強いことが知られています。拡散的思考で浮かんだ突拍子もないアイデアは間違っているかもしれないし、実現可能性も不確実な直感的なものなので、否定されたときに反論できる「論理的根拠」が弱いのも事実です。そのため、こうしたアイデアを実現するには、「問題を解決したい」「これを実現したい」という強い思い（モチベーションや情熱）が必要になります。

どうすれば創造性は鍛えられるか？

　創造性は鍛えることで高めることができます。研究や実践を通じて、多くの専門家が創造性を高めるための方法を解説しています。その中のいくつかを紹介しましょう。
　まず**好奇心を持つ、言い換えれば「問い」を持つ**ことです。私たちは子どもの頃は「何で鳥は空を飛べるのだろう？」「何でお腹が減るのだろう？」など、「何で？」ばかりでした。好奇心が強い人は、子どものように、常に新しい情報や知識を求め、理解しようとします。この過程で自然に「なぜ？」「どうして？」「どのように？」といった「問い」が生まれます。その問いの蓄積がアイデアの「種」になります。

　発明王といわれるトーマス・エジソンが小学校を3カ月で退学させられた話をご存じの方も多いのではないでしょうか？　エジソンは授業中にしばしば教師に対して「なぜ？」と質問を繰り返していました。たと

第8章　創造性をビジネスに活かす

えば、「なぜ空は青いのですか？」や「なぜ風が吹くのですか？」といった質問を繰り返したため、授業の妨げになるという理由で退学させられてしまいます。母親ナンシーはエジソンの好奇心や独創性を否定することなく、常に彼をサポートしました。彼の失敗を責めることなく、試行錯誤を応援し続けたのです。彼の好奇心を大切にし、学校では学べなかった知識を自宅での学習を通じて得られるようにしました。その結果、彼は発明家になれたのです。

　ビジネスや技術の分野でのイノベーションもまた、好奇心と問いから生まれます。新しい製品・サービスの開発は、「どのようにすればもっと便利になるか？」という問いから始まります。VISITS Technologies株式会社　エグゼクティブ・ディレクターの永井翔吾氏は著書『創造力を民主化する』（BOW & PARTNERS、2022年）において、創造力を特定の才能に依存せず、誰もが訓練次第で身につけられるものとして捉えています。永井氏は、創造性の鍛え方の本質は「人間とは何か？」「人の奥底にある欲望やニーズは何か？」という本質的な「問い」を持つことだと言います。

青の晩餐

　私は2023年の逗子アートフェスティバルに「青の晩餐（ばんさん）」というインスタレーション作品を出展しました。その作品は「なぜ青い食べ物はまずく感じるのだろう？」という「問い」から始まりました。私は「青いカレーは本当にまずいのか？」と疑問を抱き、「とにかく、おいしい青いカレーを作ってみたい」という衝動に駆られ、ご飯を青く炊いて、青いカレーを作って食べてみました。確かにおいしいのですが、見た目が

青いだけで食欲が失せてしまいます。これを毎日食べていたら、驚いたことに排泄物がきれいな青に変わりました。「これからもずっと青いウ○チをしたい」と思うほどきれいな青でした。正直このウ○チには好意を感じました。

　アートフェスティバルの展示会場に12畳ほどの広さの部屋を設け、すべての壁、床、家具を青く塗り、来場者に真っ青な部屋の中で青いカレーを食べてもらいました。来場者は青い部屋の中で食べるカレーはさほどまずいと感じないようでした。ところが部屋の外に出て食べた瞬間、「こんなにまずいものを食べていたのか！」とでも言いたげな露骨にイヤな顔をしました。このときの気づきは、すべてが青い部屋の中で食べる青いカレーには違和感をあまり感じないが、部屋を出て青いことがはっきりすると突然まずく感じるということです。

　それとは反対に、食べ物に緑色が入っているとおいしそうに感じます。たとえば、お弁当には、よく緑色のギザギザシート（バラン）が入っています。緑色は自然界に多く存在するため、この色を見ることで、新鮮さをイメージし、食事の際にも視覚的に好影響を与えるといわれています。このことから人間の色に対するバイアスは非常に大きいということがわかります。

　たとえ同じカレーであっても色に対するバイアスによって、味が変わるということです。その偏見を拡張すれば、人は肌の色で他人を差別することにもつながります。

　青いカレーを作るきっかけとなった「問い」によって、私は多くの気づきを得ました。「その気づきが何の足しになるのか？」「そんなムダなことをして何の得になるのか？」と思う方もいるかもしれません。しかし、こうした好奇心の探求が、人間の根底にある「偏見」や「思い込み」といった本質の発見につながることもあるのです。

第8章　創造性をビジネスに活かす

ダ・ヴィンチとGACKT氏の共通点

　レオナルド・ダ・ヴィンチはこんな言葉を残しています。

「凡庸な人間は、注意散漫に眺め、聞くとはなしに聞き、感じることもなく触れ、味わうことなく食べ、体を意識せずに動き、香りに気づくことなく呼吸し、考えずに歩いている」

　ただおいしい、ただ楽しい、ただ面白い──それだけでは何も残りません。
　なぜおいしいのか？　なぜ楽しいのか？　なぜ面白いのか？
　このような「問い」をタグづけして記憶することが大切です。そうするでその「問い」はデータベースに蓄積され、必要なときに瞬時に引き出すことができます。

　さて、天才ダ・ヴィンチと同じようなことを言っている人が日本にもいます。
　『芸能人格付けチェック』というテレビ番組をご存じの方は多いでしょう。出演者が「高級ワインの飲み比べ」「高級食材の食べ比べ」「最高級の楽器と入門用楽器」など、「高級品」と「安物」を見分ける問題に挑戦し、正解数に応じた番組内での格付けをする番組ですが、2025年1月時点で、GACKT氏は81連勝の記録を達成しています。
　なぜGACKT氏は驚くべき連勝記録を誇るのでしょうか？　私は最初「やらせ」だと思っていたのですが、どうもそうではないようです。理由を知りたくなり『GACKT　超思考術』（サンクチュアリ出版、2021年）という本を読んでみました。すると、次のことが書かれていました。

ボクはワインを飲むときにでも、ただ味わうのではなく、いつ、どこで造られたのか品種はなんなのか、作り手の理念は、などさまざまな観点で愉しむ。そこに知る愉しさ【学び】がある。学び癖をつけること。小さな事柄から、たくさんの学びを得ている。

　GACKT 氏とダ・ヴィンチの共通点は、どちらも強い好奇心を持ち、物事を多角的に探求し、「問い」と「学び」を日常の習慣として取り入れている点にあります。GACKT 氏は日常の一見単純な事柄からも深い学びを得ようとし、ダ・ヴィンチもまた、詳細な観察と探求を通じて多くの知識を得ました。

　では、好奇心を持つにはどうしたらいいのでしょうか？
　お手本は子どもです。子どもの頃は何を見ても感動の連続で、大人が当たり前と思っているものに対しても関心を持ち、驚きと喜びを感じます。
　ピカソはこんな言葉を残しています。

子どもは誰でも芸術家だ。問題は大人になっても芸術家でいられるかどうかだ。

　私たちは大人になるにつれ、知らないことも知ったような気になり、何かに感動したり、ワクワクすることが減っていきます。子どもたちのようにさまざまなことに好奇心を持ち感動する気持ちを思い出すことが、創造性への一歩ではないかと思います。

　また、新しい経験や環境に身を置き、個人個人や社会の異なる視点の価値観を知ることで、アイデアを生み出すための思考の枠を広げ視野の広い柔軟な考え方ができるようになります。旅行をして異文化と交流することや、新しい趣味や活動を試すことはもちろん、芸術作品や映画、文学など創造的な作品と対話する機会を作ることは、創造性を高めるた

第8章　創造性をビジネスに活かす　　　175

めに非常に効果的です。経験はアイデアの引き出しのようなもので、自分なりの引き出しが多ければ多いほど、独創的なアイデアが生み出せるようになります。大切なことは身体性をともなう経験です。旅に出る、人と会って話す、本やネットで得られる知識だけでなく、その場、その瞬間に感じることが大切です。好奇心を起点に実際に動いて体験することが大切なのです。

メモをとる習慣で創造性を広げる

　私も含め私の周りにいる創造的な人たちの多くは、よくメモをとります。
　多くのアイデア（アウトプット）を生み出すには多くのインプットが必要です。思いついたことだけでなく、気になったこと、疑問に感じたこと、共感したこと、感心したことなどは、その場でメモをとることでその情報がタグづけされ、記憶にファイリングされます。そうすることで記憶を取り出しやすくなり、アイデア創出力も上がります。また、気づきを整理し書き出すことで、新しい発見や洞察を得ることもできます。そのためにも日常の会話やテレビのニュースなどをメモにとる習慣をつけましょう。

　ダ・ヴィンチは生涯を通じて7000ページにもおよぶ膨大なメモを残しました。これらのメモには、科学的観察、発明のアイデア、絵画の下絵、哲学的な考察などのほかに、多くの「問い」が書かれていました。彼は常に好奇心旺盛で、自然界や人間の存在に対する深い興味を持っていました。そのため、メモには解明しようとするために生み出した問いや気づきが数多く残されています。たとえば、「人間の精神はどこから来るのか？」「鳥はなぜ空を飛べるのか？」など、彼の問いは科学、工学、

芸術、哲学など多岐にわたりました。ダ・ヴィンチは単に問いを立てただけでなく、実験や観察を通じて大量の「気づき」を記憶の棚にメモすることで蓄積していたのです。

　ビル・ゲイツ氏もメモ魔であり、綿密なメモをとることで有名です。ゲイツ氏はメモを紙面の上から下に書くのではなく、1ページを4分割して疑問点を各ページの一番下に記していたといいます。ちなみに、ゲイツ氏はダ・ヴィンチの「レスター手稿（Codex Leicester）」をオークションで約3080万ドル（約36億円）で購入しました。彼のメモや知識への強い情熱を象徴しているのかもしれません。

※出所：プレジデントオンライン「1兆ドル男ビル・ゲイツの『手書きメモの魔力』」
https://president.jp/articles/-/34539?page=1

　ヴァージン・グループの創設者リチャード・ブランソン氏は、思いついたアイデアを忘れないように1日中ノートに走り書きをしているそうです（※）。あるインタビューで「何か良いアイデアが浮かんだら、すぐにノートに書き留めるんだ。そうしないと、そのアイデアはあっという間に消えてしまう。メモを見返すことで、新しいビジネスチャンスを見つけたり、既存の問題を解決するヒントを得た」と語っています。

※出所：LIFE INSIDER「ビル・ゲイツ氏も！ ビジネス界の大物が常に持ち歩く秘密道具とは」
https://www.businessinsider.jp/post-102920

　私はiPhoneのメモアプリを使っています。思いついたことや疑問に感じたこと、誰かとの会話に出てきた気になる言葉、知らなかった単語などを必ずメモしています。ビジネスに限らず、テレビ番組の内容、プライベートでの友人との対話、食べ物、広告コピーなど、気になったこと、気づいたことはなるべくその場でメモをとります。さらにメモをもとに文章を書いてX(旧Twitter)に投稿しています。単なるメモに終わらせず、自分の言葉で書き換えることで、自分の記憶にファイリングしています。

第8章　創造性をビジネスに活かす

瞑想やマインドフルネスを
ビジネスに活用する

　Googleは、マインドフルネスプログラム「Search Inside Yourself」を導入することで、自己認識と自己管理能力を向上させるとともに、チーム全体の創造性と効率性が高まったと報告しています。瞑想やマインドフルネスの実践は、脳のデフォルト・モード・ネットワーク（DMN）を活性化し、創造的な思考を促進するという報告もあります。

　コンサルティング会社リッピンコットのコンサルタントであるエマ・ショートストラ氏は「独自の実験で短時間の瞑想が創造性を高めた」と「ハーバード・ビジネスレビュー」で報告しています。

　ブレインストーミングを始める前に、短時間の瞑想をしたグループとそうでないグループでは、瞑想をしたグループの出したアイデアのほうが、はるかに多様性や独創性に富んでいたと報告しています。この実験でマインドフルネス瞑想によってDMNの活動が最適化され、より効果的に利用できるようになることで、創造性が高まる可能性が示唆されています。

　この実験からマインドフルネス瞑想の効果について次のように報告しています（※）。

1. 発散（拡散）的思考のスイッチを入れる
2. 注意力を高め、アイデアの斬新さや有用性に気づきやすくなる
3. 疑念にとらわれたり挫折に直面したりした場合に必要な勇気やレジリエンスを育む

　どれもアイデア発想やイノベーションのプロセスには重要な要素です。

※出所：ハーバード・ビジネスレビュー「たった10分間の瞑想で創造力が高まる」
https://dhbr.diamond.jp/articles/-/5033

　スティーブ・ジョブズ氏はインドを訪れたことをきっかけに仏教の思想に傾倒しました。カリフォルニアに戻ってからは曹洞宗の禅僧、鈴木俊隆氏の指導のもとで禅を学び、瞑想を日常的に実践していたそうです。これが彼の創造性、集中力、精神的なバランスに大きく影響していたと思われます。

　エジソンや画家のサルバドール・ダリは、半覚半眠のある意味で瞑想に近い状態からアイデアを得るために、手に物を持って眠りにつく習慣があったといわれています。眠りに落ちたとき、手に持った物が落ちる音で目を覚まし、その瞬間のひらめきを捉えるためにこの方法を用いたそうです。これは個人的な解釈ですが、おそらくこのときの脳は、外在的な思考（論理的・分析的な意識）と内発的な妄想（自由で直感的な意識）の狭間のDMNに近い状態にあり、ひらめきが生まれやすいのではないかと推測されます。

　私は、週に2～3回のペースで銭湯やサウナに行きます。そのとき、必ず「マインド風呂ネス」を行ないます。サウナや風呂に入ったあと、水風呂に浸かり、リラックスできる場所に行き、目を瞑って手首に指を当てて脈を100まで数え、意識を自分の内側に向けていきます。その後、閉じた目の内側に映る残像をただボーっと眺めます。「～をしなきゃ」とか「～をしたい」といった思いや、「何を見よう」とか「何に見える」と思った気持ちが生まれたら、「自分は～をしなきゃ、と思っている。今はただ、観察している」と言い聞かせ、ただただ、暗いところに浮かび上がるものを観察します。「それが何か？」を考えるのではなく、ひたすら観察します。するとそこに、比較的鮮明な今までの像とは違う何かが見え始めます。何の脈絡もない夢のような映像をひたすら傍観します。この状態はおそらくDMNに近い状態で、自分の意思とは関係なく、

第8章　創造性をビジネスに活かす　　179

脳が自由に遊び回っている状態で、時どきそこに現れたひらめきをノートに書き溜めています。

瞑想と聞くと難しく感じるかもしれません。あのダライ・ラマでさえ、インタビューで「私は瞑想しているときでも、多くの考えが浮かび、脳はフル回転してしまう」と語っていました。難しく考えずに、まずは自分の思いを客観的に観察することから始めてみてください。それが、どれだけ創造性に影響しているかわかりませんが、私自身はそのときに見えるビジョンを楽しんで続けています。

そのほかにも、絵を描く、音楽を演奏する、文章を書くなどのクリエイティブな活動に定期的に取り組むことも創造性を活性化させるでしょう。**大切なことは、他人に言われたからやるのではなく、自ら望んで「愉しむ」ことです。そして、それを習慣化することです。** １〜２回メモをとったり、瞑想したり、絵を描いてみただけでは創造力の活性にはつながりません。内発的かつ継続的に行なうことで、脳の創造的なネットワークが活性化され、より豊かなアイデアや解決策が生まれやすくなります。

「メモをとる」という些細なことですが、実は継続するのは難しいことです。

話は少し逸れますが、ダイエットの法則は至ってシンプルです。摂取カロリーよりも消費カロリーが上回るだけのことです。

このシンプルな方程式を続けるだけで人は痩せることができます。ところがAmazonでダイエットの本を検索すると８万冊以上出てきます。

つまり、多くの人は継続ができないということです。

新しいアイデアを生み出すことができる人は、メモをとるというシンプルな習慣を継続できる人であるということです。

第 9 章

実践のための
思考ウォーミング
アップ

頭を柔らかくするクイズ

アイデアが生まれる方程式「型」がわかったところで、実際にアイデアを生み出していくわけですが、まず私がセミナーで毎回行なっているクイズ形式の設問で頭を柔らかくしましょう。まず皆さんにいくつか質問します。思考のウォーミングアップだと思って考えてみてください。

Q1

あなたは1週間何も食べていません。目の前にお椀が出され、その中にはおいしい食べ物が入っています。
「どうぞお召し上がりください。ただし、お椀の蓋を取らないください」
と言われました。
どうしますか？

これは禅問答の公案からヒントを得ました。公案とは禅宗の修行に用いられる問いかけで、固定観念や常識を超える思考をうながすことが目的です。公案の答えは論理的な思考を超えた直感や悟りにもとづいています。伝統的な解釈や答えがある場合もありますが、重要なのは答えそのものではなく、「問い」を思考する方法や過程です。ですから、正解はありません。あなたの直感で答えてください。

　これまで数千人以上の方にこの質問をしました。回答の7割が「壊す」「穴を開ける」「蓋をスライドする」などで、残りの2～3割が「お椀を逆さにする」です。お椀を逆さまにして、蓋を底にしてお椀を開けることで「蓋を開けない」という条件を満たしつつ、中身を食べられます。このほか少数派の回答として「食べた気になる」「タイムマシンで蓋を開ける前に戻る」などというのもありましたが、さらにユニークな回答をする人が1000人に3人くらいの確率で現れます。それは「お椀ごと食べる」です。その答えが出ると必ず会場はザワつきます。中には失笑する人もいます。

「お椀なんか食べられるわけがないだろう（笑）」

　いいえ、食べられます。

　山梨県の銘菓「桔梗信玄餅」はご存じの方も多いでしょう。プラスチック製の容器に信玄餅が入っていて、黒蜜をかけて食べるのですが、新商品「桔梗信玄餅 極」は、容器と蓋が「もなか」で作られており、容器も丸ごと食べることができます。2021年に発売され、瞬く間に人気商品となり、現在は山梨県内の特定の店舗でのみ数量限定で販売されています。プラスチックのゴミを減らせる「SDGs的なお菓子」としても話題になっています。

　ここで注目すべきは「1000人に3人」という確率です。偶然にも新規事業の成功確率「千ミツ」と同じ確率です。ビル・ゲイツ氏は「独創的な発想をするためには、少なくとも一度は人に笑われるようなアイデアを出すことが必要だ」という趣旨のことを述べています。この回答を

第9章　実践のための思考ウォーミングアップ　　　183

笑った人は自分の思考の狭さに気がついたことでしょう。社会には人とちょっと違った発想をする人がいます。そういう人のアイデアにこそイノベーションの種が潜んでいる可能性があります。

【気づき】
・既成概念にとらわれない発想
・「人から笑われる」くらい変わったアイデアこそ歓迎すべき

Q2

次の問題に答えてください。

1 現在、低所得国に暮らす女子の何割が、初等教育を修了するでしょう?

　　A　20%
　　B　40%
　　C　60%

2 世界の人口のうち、極度の貧困にある人の割合は、過去 20 年でどう変わったでしょう?

　　A　約2倍になった
　　B　あまり変わっていない
　　C　半分になった

3 世界中の1歳児の中で、何らかの病気に対して予防接種を受けている子どもはどのくらいいるでしょう?

　　A　20%
　　B　50%
　　C　80%

この3つの質問の答えはすべてCです。すべてCと答える人はほとんどいません。

　これらの質問は、ベストセラー『FACTFULNESS（ファクトフルネス）10の思い込みを乗り越え、データを基に世界を正しく見る習慣』（ハンス・ロスリング、日経BP、2019年）に掲載されているものです。

　80％の人は世界の姿を実際よりも悲観的に見ており、しかも専門家や学歴が高い人、社会的な地位がある人ほど「世界がどんどん悪くなっている」という思い込みから正解率がチンパンジーよりも低いそうです。ロスリング氏はこの本の中で、思い込みを乗り越え、データをもとに世界を正しく見る習慣をつけることを提唱しています。

【気づき】
・自分の思い込みがどれだけ強いかを自覚する
・社会をデータにもとづいて客観的に理解することの必要性に気づく

Q3

　雪が溶けたら「○○」になります。
　「○○」には何が入りますか？
　思いついた言葉を入れてみてください。

多くの人は「水」と答え、10人のうち1〜2人が「春」と答えます。

この問題はある小学校で生徒が「春」と答えたことに対して教師が不正解としたことで話題になりました。小学生以下の子どもに聞いてみると「足がドロドロになる」「柔らかくなる」という答えも返ってきます。私はどちらも正解だと思います。正解は1つだけと誰が決めたのでしょう？　多様な回答にこそ発見や気づきがあります。

【気づき】

・正解は1つではない

・イメージを広げて考える

Q4

インドの小さな村で宝石店に入ると出入口の鍵を閉められ監禁状態となりました。怖そうな店員が安物の指輪を高額で売りつけてきました。どうしますか？

一般的な回答では「死を覚悟で逃げだす」、または「争う」という危険を顧みない手段と、「おとなしく支払う」または「値切る」という2つのパターンに分かれます（図9-1）。大半の人が「危険を冒すか」「損失を負うか」の2択、つまりトレードオフで考えます。

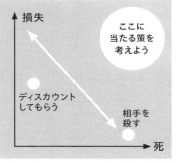

図9-1 トレードオフで考えたときの解決策

　これは私がインドを訪れたときに実際に遭遇した出来事です。
　宝石店に連れて行かれ、入るなり施錠され、監禁された状態で、こわもての店員が高額な指輪を売りつけてきました。私はそのとき、一度状況を俯瞰（拡散思考）し、トレードオフの思考を捨ててみました。結果として、売りつけられた指輪を無料でもらい、さらに感謝までされ、無事に解放されました。
　どう対処したと思いますか？
　高圧的に指輪を売りつけてくる店員に対して、私は「この指輪をもっと高く売る方法を知りたくないか？　私は日本から宝石を買いつけに来た宝石商だ。私の話を聞けばもっと高く売れるようになるよ」と言いま

した。たとえば「指輪のデザインはシンプルにしろ」「ジーンズとＴシャツで店に出るな。ネクタイをしめろ」など、思いつきでアドバイスしたのです。すると彼は素直に話を聞き、当初は売りつけてきた指輪をタダでくれて、おまけに感謝までしてくれました。

　こうしたときに多くの人は「トレードオフ（何かを得るためには、何かを犠牲にしなければならない）」のバイアスにとらわれてしまいます。ビジネスで言えば、たとえば「コストを抑えるためには品質を下げなければならない」などといったことです。意思決定の場面で、「ある選択肢をとることでほかの選択肢を犠牲にしなければならない」という思考の偏りです。
　このように物事を近視眼的に捉えてしまうと新しい答えは生まれません。状況を俯瞰することで今までにない新しい回答が生まれます。『アートシンキング』の著者エイミー・ウィテカー氏はアート思考を「既知のＡ地点から既知のＢ地点に移動するのではなく、未知のＢ地点に移動すること」と言っています。私の場合は、Ａ地点（逃げる）でもなくＢ地点（払う）でもない、未知のＢ地点（感謝される）に着地したわけです。

　宝石店の店員が私を監禁した動機は「こいつに指輪を高く売りつけたい」ですが、より本質的なニーズは、「１つ売るよりもたくさん売りたい、もっと高く売りたい（＝儲けたい）」です。だとすれば、彼にもっとたくさん、もっと高く売れる方法を教えてあげることで、本質的な課題が解消されます。個別の課題を細かく分解するのではなく、抽象度を上げて状況全体を俯瞰して見ることで、より大きな課題を発見でき、解決策の可能性が一気に広がります。

【気づき】
・トレードオフを俯瞰して見る視点

・異なる要素を統合して考える統合的思考

　172ページで紹介した書籍『創造力を民主化する』では、こういった解決法を統合思考として、トレードオフの課題をはじめ、さまざまな課題を同時に解決しようとする考え方だと定義しています。この書籍の著者、永井氏はトレードオフを単なる選択肢間の「取捨選択」ではなく、「統合的思考」によって新たな選択肢を創出する機会と捉えています。統合思考とは、異なる要素を組み合わせ、対立する選択肢を超越した新たな価値を生み出す思考法です。永井氏は、これによりトレードオフの制約を打破し、革新的なアイデアを生み出せると述べています。

　何となく「柔軟な思考」の意味がわかってきたのではないでしょうか。
　それと同時に「自分は頭が硬いなあ」と感じている方も多いと思います。
　質問を続けましょう。

Q5

あなたは絵が描けますか？　絵が描けると思った人は1秒以内に手を挙げてください（図9-2）。

図9-2

第9章　実践のための思考ウォーミングアップ

あなたは手を挙げられましたか？
セミナーでこの質問をすると、参加者の8～9割の人が手を挙げます。
続けて、こんな質問をします。

Q6

「下手な絵なら描ける」という人は手を挙げてください（図9-3）。

図9-3

すると、全員の手が挙がります。

これも思い込みです。私の質問は「絵が描ける人」です。その質問に上手な絵を見せられると勝手に「うまい絵を描けないのであれば、絵が描けると言ってはいけない」と思い込んでしまう人が1〜2割いるということです。それに対し、下手な馬の絵を見せられると安心して、「これくらいなら自分でも描ける」となるわけです。

このことからわかるのは自己肯定感の有無です。

自己肯定感とは、自分自身を肯定的に評価し、自分の存在価値や能力を信じる感覚です。自己肯定感が高い人は、自分の長所や短所を正しく認識し、適切に自己評価できます。自己肯定感があることで、困難な状況にも前向きに取り組めたり、目標を達成するための努力を続けられるようになります。

日本人の自己肯定感は、ほかの国と比較してかなり低い傾向があるといわれています。

内閣府の調査「私は、自分自身に満足している／我が国と諸外国の若者の意識に関する調査（平成30年度）」によれば、「自分自身に満足している」と回答した若者は、日本で45.1％、アメリカで87％、韓国で73.5％となっており、日本は先進国の中でも最下位です（※）。

※出所：https://www.cfa.go.jp/assets/contents/node/basic_page/field_ref_resources/d0d674d3-bf0a-4552-847c-e9af2c596d4e/3b48b9f7/20240620_policies_kodomo-research_02.pdf

日本には文化的に謙虚さや協調性が重視される文化が根づいています。それを差し引いてもかなり低い数値です。この背景として、画一的な社会では、自分の意見を自由に表現できる場が少なく、自分の意見を述べることを「求められない」、または「許されない」場合が多く、「言われたことだけをやっていればいい」という意識が強くなり、自らを積極的に肯定して意見を述べようという意識が弱くなっているとも考えられます。

創造性と自己肯定感は密接に関係しています。自己肯定感が高い人は、自分のアイデアや表現を積極的に受け入れ、創造的な活動に対して前向きに取り組むことができます。アーティストが自分の作品を創り続ける上で、他人がどう思われようと「自分はこれがやりたい。だから、これでいいのだ！」と思えなければ、作品が世に出ることはありません。

　だからと言って、アーティストのすべてが自己肯定感が高いかというと、そういうわけでもありません。彼らはむしろ自己批判的で、自分の作品や表現に繊細で厳しい傾向にあります。だからこそ、人の心を動かす作品を生み出せるのです。自己肯定感が高すぎるとかえって自己批判が不足し、単なる自己満足に陥ってしまう危険性もあります。自己肯定と自己批判の2つがバランスよく作用することで、個人の成長や創作活動に良い影響を与えるといえるでしょう。

　ビジネスパーソンが自己肯定感を持って自分のアイデアを発言するようになるためには、失敗や批判を恐れず自由に意見を表明し、質問したり提案できる環境が必要となります。創造的な活動を奨励し、失敗を恐れない環境を作るためには、チームの心理的安全性を高めることが重要です。

【気づき】
・自己肯定感の低さ
・自己表現に対するコンプレックス

Q7
　あなたは万能な神です。

これも私がワークショップやセミナーでよく行なうゲームです。

参加者の1人に「万能な神様」になってもらいます。できれば、グループ内で最も役職・立場が高い方に引き受けていただくと理想的です。

私は「万能な神様」とこんな会話をします。

私　「神様は万能ですか？」

神様　「そうです。私は万能です」

私　「では、何でも作ることができますよね」

神様　「もちろん、何でも作れます」

私　「では、神様に持てない石を作ってください」

神様　「もちろん、（石が現れる）」

私　「では、それを持ってください」

神様　「……」

万能のはずの神様が持てない石を作りました。でもそれは自分で持つことができません。もし神様が「持てない石」を作ったとしたら、神様は万能ではなくなります。しかし、「作れない」としたら、「神様は万能である」というのがウソになります。言葉の上で「万能」はあり得ないことがわかりました。

このゲームで主人公になる「万能な神様」役は、なるべく立場の上の人を選んでいます。そうすることで「どれだけ偉い人にも矛盾が生じる」「できないことがある」ということを参加者全員で共有します。

【気づき】

・言葉は万能ではないし、ときには矛盾を生む

・できないことは誰にでもある

第9章　実践のための思考ウォーミングアップ　　　193

Q8

今、自分に見えているものを正直に描いてください。どんなに下手でも
かまいません。絵のうまい下手ではなくあなたが今見ているものの要素く
らいでもかまわないので見えているものをそのまま正直にスケッチしてくだ
さい。

あなたも描いてみてください。

　絵を描いていもらうと、本来は見えているはずの自分の鼻やメガネの
フレームや、描いている手を描く人はほとんどいません。
　このワークは物理学者のエルンスト・マッハの「左目から見た自画像」
（図 09-04）からヒントを得ています。左目の視野の中に、マッハ自身
の右側の鼻と顔の一部が見えています。これはマッハが哲学的な問い「私
たちが観察者として世界をどのように知覚するか？」を視覚的に表現し
たものです。そして、その知覚が主観的であることを象徴しています。
　人は自分が見たものを純粋に模写するのではなく、頭の中で意味づけ
たり、補完したりしてから表現します。「見たものを正直に描いて」と
言われても、「（絵を描くときは）主観的な視点を除く」という常識が刷
り込まれています。無意識的な編集や解釈、つまり既成概念や先入観が
入ってしまうのです。

【気づき】

・「正直に」と言われても、既成概念や先入観から逃れられない
・自分が当たり前と思うものにも疑問を持つ、そこに「問い」が生まれ
　る

図9-4　マッハの自画像

出典：「Ernst Mach's drawing.from de.wikipedia.org」
https://ja.m.wikipedia.org/wiki/%E3%83%95%E3%82%A1%E3%82%A4%E3%83%AB:Ernst_Mach_Inner_perspective.jpg

 ## 思考のウォーミングアップでわかったこと

　ここまでの質問を考えてみることで、さまざまな感想や気づきがあったのではないでしょうか。

① 「自分の考え方が狭い」と感じた人
　　→思考の枠を広げ、一度世界を俯瞰してみましょう。
② 「自分が思い込みや既成概念にとらわれている」と感じた人
　　→既成概念や事実だと思っていることを疑ってみましょう。
③ 「自己肯定感が低い」と感じた人
　　→「できない」と思うこと自体が思い込みかもしれません。

④正解がわからない

　　→正解は1つではありません。また、正解に固執しない柔軟さを身
　　　につけましょう。

　このワークで大切なことは、①〜④に気づくことです。もちろん、気
がつかなくても普通に生活を送れますが、新しいアイデアを生み出した
いのであれば、4つのことを意識しましょう。**「物事を広く総合的に俯瞰
して見る」「常識を疑う」「問いを持つ」「自己肯定感の高い環境を作る」
「『できない』という思い込みを捨てる」**——こうしたことを意識すること
が創造性を高めることにつながります。

　さて、ワークをいくつか経験したことで、私たちがどれだけ偏見や先
入観、既成概念にとらわれているかおわかりいただけたと思います。自
由な発想をするためには、こうしたバイアスを外して、子どものような
無垢な視点で「問い」を立てることが大切です。

　ニュートンは「木から落ちるリンゴ」を見たとき、万有引力の法則を
発見したといわれています。「なぜリンゴは上にではなく下に落ちるの
か」という、誰もが知っている現象に子どものような「問い」を立てた
ことが大きな発見につながりました。

　また、ピカソは「私は子どものように描けるようになるのに、一生か
かった」と語っています。彼は成長する中で失われがちな自由な発想や
視点を意識的に取り戻そうとしていたのでしょう。

第 10 章

アイデアの「種」

アイデアの「種」を蓄積する

　これまでもお伝えしたように、アイデアは異なるもの同士を結びつけることで生まれます。多くのアイデアを生み出すには、それだけ多くのインプットが必要で、インプットが多ければ多いほど結びつきを思いつく確率も高まります。

　パーソル総合研究所の「グローバル就業実態・成長意識調査（2022年）」によれば、「あなたが自分の成長を目的として行っている勤務先以外での学習や自己啓発活動についてお知らせください」という質問に対し、日本のビジネスパーソンのうち52.6%が「何もしていない」と回答し、調査対象となった18カ国の平均値をはるかに下回り、最下位で、世界的に最も学ばない日本のビジネスパーソンという結果が出ています（※）。
　学びがキャリアアップにつながらない職場環境が背景にあり、世界のビジネストレンドや経済の動向などにまったく興味・関心が向かないまま、目先の仕事に追われ、アイデアの「種」となるインプットがほとんど行なわれないので、アイデアの「種」をほとんど持ち合わせていない状態なのです。

※出所：https://rc.persol-group.co.jp/thinktank/data/global-2022.html

　これでは良いアイデアなど浮かんでくるわけがありません。
　インプットでアイデアの「種」を大量に蓄積するには日々のさまざまなことに興味・関心を持って気づきを蓄積していく習慣が必要になります。ここではアイデアの「種」を蓄積するための手法を3つ紹介します。

①トレンドレポート
②アセットやリソースの可視化（企業ポートフォリオの作成）
③なりすまし営業

さっそく1つずつ見ていきましょう。

① トレンドレポート

　私が伴走支援をしている新規事業部に、最初に実践してもらっているのが「トレンドレポート」です。
　いつも何気なく見ているテレビの番組やビジネス系のニュースにアイデアの「種」が眠っています。クイズ番組を思い出してください。何気なく見ているクイズ番組ですが、「なるほど！」「そうなんだ！」「知らなかった！」と思うことがあるでしょう。ところが、1週間もすれば、思い出せません。これが人間の記憶というものです。意識していなければ、記憶の引き出しには蓄積されません。
「トレンドレポート」は、自社の業界に関係なくビジネストレンドや経済の動向、業界・業種・業態に関心を向け、「なるほど！」と思った瞬間にメモします。
　たとえば、ビジネス系のテレビ番組を観てみましょう。テレビ東京の「ワールドビジネスサテライト」「Newsモーニングサテライト」「カンブリア宮殿」「ガイアの夜明け」、TBSの「がっちりマンデー！！」などです。あるいは、新聞でもネットのニュースでもかまいません。ただし、漫然と観るのではなく、興味・関心を持ちながら観ることでアイデアの「種」を蓄積します。

第10章　アイデアの「種」

毎週1回、新規事業開発チームでは、テレビ番組やトレンドのニュースで興味深いと思った事例を各個人がレポートにまとめて発表します。「番組で紹介されたビジネストレンドや新規事業の何が興味を引いたのか？」「それに至る背景や経緯、どんな工夫があったのか？」「市場にどんな変化が生まれたのか？」について発表して、ディスカッションします。会議ではユニークなビジネスアイデアや工夫、知らなかったトレンドやアイデアから実現に至る苦労話を発表し、気づきを共有します。

　図10-1、10-2は、株式会社JVCケンウッド無線システム事業部の新規事業部 "Project Discovery" のメンバーで新入社員の勝又さんのトレンドレポートです。

図10-1　トレンドレポート①

図10-2 トレンドレポート②

このレポートを見ながらスタッフ全員でディスカッションします（図10-3）。

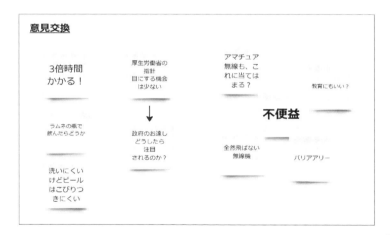

図10-3 ディスカッションの例

第10章 アイデアの「種」　　201

このように、レポートに対してスタッフが意見を交わし、自社の製品と結びつけたりしながら、製品・サービスから気づきを深めることでアイデアの「種」を蓄積していきます。
　この時間は拡散的なインプットの時間です。広い視野で物事を見ることが重要です。「自社の業態・業務には関係ない」といった判断は禁物です。チームリーダーは、これを義務的に行なうのではなく、興味が湧いてくるワクワクする時間になるように意識してください。これを習慣化していきます。習慣化することで日常的にさまざまなことに対する興味・関心が湧くようになり、アイデアの「種」となるインプットの数が圧倒的に増えてきます。

② アセットやリソースの可視化（企業ポートフォリオの作成）

　ビジネスに関する特許を数万件も取得しているような企業の新規事業部の方に「御社の特許について知っている範囲で教えてください」と質問したら、誰もまともに答えられなかったということがよくあります。特許のような知財は自社の宝であり、強みの1つであるにもかかわらず、です。
　新しいアイデアを考える前に、自社が持つ技術や知財を体系的にリストアップし、それぞれの価値と相互関係を可視化して客観的に自社のアセットを把握することが大切です。「ウチは○○が強いんだよね」といった漠然としたものではなく、マインドマップを活用し、具体的に自社が持つ技術、資源、製品などを各部門から情報を収集して可視化していきます。業態によって項目は異なることもありますが、特に技術部門や研究開発部門からの情報は重要です。

たとえば、ある目的で研究開発された技術が、目的を実現できずに眠っていたとします。その技術を別の視点で見るとまったく別の新しい活用法が見えてきます。自社の持つ潜在的な強みに光を当て成功した事例をご紹介しましょう。

　近年の日本でイノベーション事例としてよく語られるのが富士フイルムです。フィルム事業が急速な縮小をしていく中で「第二の創業」ともいえる化粧品開発に踏み切った同社は、もともと持っていた技術を応用して、まったく新しい商品へと展開し、「ASTALIFT（アスタリフト）」という化粧品ブランドを誕生させ、成功を収めました。

　同社の古森重隆社長（現・会長兼CEO）は「これからは知恵を融合して新しい価値を創ることが重要」として「融知・創新」というコンセプトを打ち出しました。また、富士フイルム・オープン・イノベーション・ハブ館長の小島健嗣氏が「既存のやり方で行き詰まったときには勇気をふるって原点に立ち返り、本質を見つめ直す」と語っているように、自社の中に眠っている原点・本質を知ることで新しい融合の可能性が生まれるのです（※）。

※出所：NIKKEIリスキリング「話せば生まれるコラボ　富士フイルム流のデザイン思考」
https://reskill.nikkei.com/article/DGXMZO22439710Z11C17A0000000/

　アイデアの「種」は自社の中に潜在的に眠っているかもしれません。ところが、多くの新規事業部は自社の潜在的価値を把握していません。まずは徹底的に自社のアセット、コアコンピタンス、事業部ごとの製品・サービスの展開を把握しましょう。

　業態によって異なりますが、書き出す内容は次のような項目になります。

・物的資産：設備、機械、土地、建物、原材料などの有形資産
・技術資産：製品、製造、開発、運用、研究開発、システム、素材など
・知的資産：特許、商標、ブランド、ノウハウ、データベースなど

・人的資産：従業員のスキル、知識、経験、ネットワークなど
・その他の資産：顧客リスト、物流、販売、サプライチェーンなど

　これらの要素をマインドマップを使って、関係性も含め深掘りします。マインドマップの作成には XMind、MindMeister、FreeMind、miro といったチーム全員で共有できるクラウドベースのツールを使うといいでしょう。自社の詳細な全体像を可視化して把握することがアイデアの「種」の発見につながります。

③ なりすまし営業

　企業ポートフォリオを作っても、大手になればなるほど組織が縦割りになっていて、研究開発部や事業部が持つ技術や商材を具体的に把握するのはなかなか困難です。そこで、各部門の製品・サービス、技術についてヒアリングを行ない、自分自身がその営業になりすましてチーム内で製品説明のプレゼンをします。私はこれを「なりすまし営業」と呼んでいます。ほかのスタッフは営業を受ける立場で、その商材やサービスの優位性や先進性、価格などを評価し、質問を投げかけます。そうすることでチーム全員がその商材やサービスへの理解を深めることができます。

　新規事業というと既存事業とかけ離れた「飛び地の新規事業」をイメージする人も多いと思いますが、いきなりまったく違う業態、たとえばBtoB からいきなり BtoC のような経験や知識の乏しいビジネスモデルへの進出は組織にかかる負荷が大きすぎます。新規事業を始めたての頃は小さな成功体験を積むことが必要です。先ほどの富士フイルムの事例を見ても、フィルムと化粧品は一見非連続的に思えますが、根底の技術

でつながっています。まず足元を見て自社起点を意識するほうが成功確率は確実に上がります。

　これは、経営学者のサラス・サラスバシー教授が提唱する成功した起業家たちに共通する考え方を体系化した理論「エフェクチュエーション」の「5つの原則」の1つ「手中の鳥（Bird in Hand）の原則」です。これは、「目の前にある確実なもの（手中の鳥）を大切にする」という意味合いがあります。つまり、未来の大きな鳥（大きな成果）を追いかけるよりも、今手にしている小さな鳥（既存の資源）を大切に育て、そこから大きな成果へと段階的に新しい正解を生み出していくのです（※）。

※出所：『エフェクチュエーション　優れた起業家が実践する「5つの原則」』（吉田満梨、中村龍太、ダイヤモンド社、2023年）

　多くの企業はすでに自社が持っている資源を過小評価する傾向があります。「自分は何を知っている（持っている）か」を棚卸して、現状に目を向け、既存の資源を最大限に活用することで、新しく「何ができるか？」を検討し、事業を成長させていくというアプローチは、未知の領域への投資を最小限に抑えることができるため、リスクを低減でき、既存の資源を別の形で再活用するため、迅速な意思決定と行動が可能になります。また、既存の資源を組み合わせることで、新しいアイデアが生まれやすくなります。

　新規事業のアイデアを生み出す上で、次の3つの視点を意識することも重要です。

・「虫の目」で自社のアセットの細部を把握する
・「鳥の目」で社会経済の全体を俯瞰し、さまざまなアイデアの「種」を蓄積する
・「魚の目」で時代の流れを読み、将来のトレンドを予測する

第10章　アイデアの「種」　　　205

自社の足元にある資源の細部を把握し、社会を俯瞰してたくさんのアイデアの「種」を蓄積し、それをもとに将来を見越したアイデアを多産し、試行錯誤して失敗から学び、継続的に改善を行ないます。

　大きな社会課題の解決といった漠然とした課題や市場の競争優位性を起点とするよりも、手持ちの手段を拡張してスモールスタートから始めていくことで比較的高い確率で新規事業を生み出すことができます。

第 11 章

アイディエーションの実践

アイデアを生むための「型」を身につける

「アイディエーション（Ideation）」は、新しい製品・サービスの開発などにおいて、創造的な思考を促進し、多様な視点から新しいアイデアを生み出すプロセスや行動を意味します。ここでは、アイデアを生み出す実践的なプロセスや手法のいくつかを紹介していきます。

私が行なっているアイディエーションのワークショップは、脳内で行なわれるアイデアを生み出す「型」（フレームワーク）や「思考の流れ」（フロー）を可視化してシミュレーションするものです。ここでは実際に企業研修などで行なっているワークをご紹介します。非常に実践的なワークなので、ぜひお試しください。ただし、ワークショップ全体を紙面上で説明するには限界があり、また現場でのファシリテーションも重要になるため、合意形成などの重要な部分は割愛させていただきます。あらかじめご了承ください。

このワークを行なうことで期待できる効果は次の7つです。

①アイデアを生み出す「型」や「発想の流れ」を擬似体験できる
②「自分にもアイデアが生み出せそうだ」という前向きな自己肯定感が生まれる
③自由に発言できる心理的安全性の環境を作ることができる
④多くのアイデアの「種」が必要なことが理解できる
⑤チームメイトがお互いを知り、チームワークを高めることができる
⑥繰り返すことでアイデアの「種」を結合させる思考の習慣化が生まれる
⑦内発的動機に気づき、それをパーパスとしてアイデアを生み出すことができる

マインドマッピング

　第８章「創造性をビジネスに活かす」で、アイデアを生み出すプロセス「①蓄積、②結合、③熟考、④４Ｂ」を解説しました（166 ページ）。この４つの要素に加え、前章で解説した「アイデアの『種』の蓄積」から関連性を発見し、結びつけることでアイデアを生み出していきます。

　脳内で起こる「ひらめき」をシミュレートするために、アイデアの「種」を視覚的に表して、新しい関連性＝「新結合」を発見するために、マインドマップを活用してさまざまな視点を結びつけてアイデアを生み出す方法を説明します。

　マインドマップについて説明する前に、脳内の創造性について「Nature」誌に掲載された脳内の創造的活動に関する論文をご紹介します。

　ワシントン大学医学部精神医学科のジョシュア・S・シーゲル氏たちの研究によれば、マジックマッシュルームに含まれるサイケデリック化合物シロシビンは、人の空間や時間の認識、「自己」の感覚をゆがめるそうです。シーゲル氏らは、シロシビンの影響で脳の異なるネットワーク同士の相互作用が増加し、より多くの領域が協調して脳をより柔軟にする可能性があると提唱し、シロシビンは硬直した思考や行動パターンを拡張するときに有益であると論じています（※）。

※出所：Siegel JS, et al., "Psilocybin desynchronizes the human brain," Nature 632: 131–138 (2024)
https://www.nature.com/articles/s41586-024-07624-5

　また、「Journal of the Royal Society Interface」誌に発表された研究論文「Homological scaffolds of brain functional networks」には、シロシビ

ンを投与された脳のネットワークをfMRI(functional magnetic resonance imaging：人間、動物の脳や脊髄の活動に関連した血流動態反応を視覚化する方法) で可視化したモデルが発表されました（※　図11-1）。

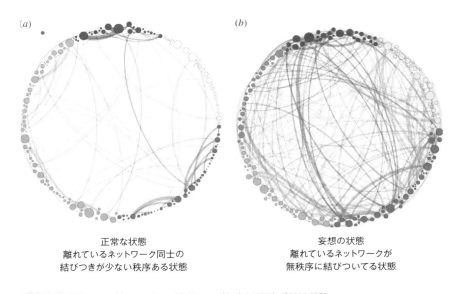

正常な状態
離れているネットワーク同士の
結びつきが少ない秩序ある状態

妄想の状態
離れているネットワークが
無秩序に結びついてる状態

図11-1　出所：https://royalsocietypublishing.org/doi/10.1098/rsif.2014.0873

　図11-1の左側の（a）は正常な脳で、右側の（b）はシロシビンが投与された脳の状態です。(b) を見ると至る所が結びついているのがわかります。これは通常では見ることや、感じることができない共感覚（synesthesia）と類似した状況で、通常では結びつかない記憶が「新結合」をしている状態で、思考の枠を超えた超拡張思考の状態です。また、このとき被験者は幻覚や幻聴、妄想を感じている状態にあります。
　こうした共感覚は芸術家に多く見られます。詩人のランボー、作曲家のリスト、画家のムンクやカンディンスキー、物理学者のファインマンなども共感覚を持っていたといわれています。また、アーティストが麻薬を常習する傾向があるのも、この感覚を手に入れることで創造性を拡

張したいという欲求があることも推測されます。

　ビジネスエリートの中で共感覚を持つといわれている人物の事例は少ないのですが、イーロン・マスク氏は自ら自閉スペクトラム症であることを公言しており、共感覚を持つ可能性があります。また、ジョブズ氏は若い頃にLSDを体験したことについて、「人生で行なったことの中で最も重要な経験の1つだ」と語っており、LSD摂取による共感覚の疑似体験が彼の創造性の源泉の1つであった可能性は否定できません。そのほか、程度の差こそあれ、アーティストや科学者に多いこの特性が、創造性や問題解決力に関係していると推測できます。

　この脳内の「あり得ない新結合」が創造性や革新的なアイデア創発を促進する可能性があります。「あり得ない新結合」の度合いが強いほど、誰も思いつかないユニークで独創的なアイデアになるでしょう。このモデルをヒントに脳の記憶（引き出し）に点在するアイデアの「種」をマインドマップで可視化し結びつけることで創造的なアイデアを生み出すワークショップを実践してみましょう。

　まずはウォーミングアップとしてマインドマップを作り、アイデアの「種」を可視化します。

　マインドマップの中央に、メインのテーマやトピックスを配置します。これがマップ全体の核となります。中心から放射状に連想ゲームの要領で線を結びつけて名詞を記入していきます。メインテーマからなるべく離れていくように連想を拡散させていきます。この末端に記載される単語がアイデアの「種」になります。このアイデアの「種」が少ないと結びつきも少なくなり、アイデアはこじんまりしたものになってしまいます。なるべくたくさん連想して、放射線状に広げていきます。次ページ図11-2は「通勤」をメインテーマにしたものですが、練習では「SDGs」といった大きなテーマのほうが拡散しやすいかもしれません。

　次に、マインドマップに書かれたキーワード同士を結びつけてユニー

第11章　アイディエーションの実践　　　211

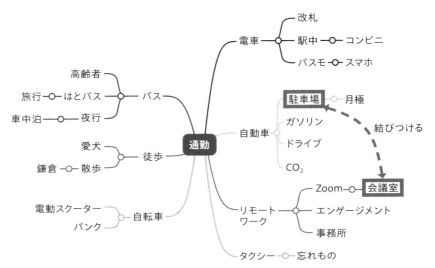

図11-2 マインドマップの例

クな製品・サービスのアイデアを出し合うワークショップをやってみましょう。私はこれを「アイデア大喜利」と呼んでいます。「〜とかけて〜と解く、その心は〜」といった3ページで紹介した「謎かけ」と同じ要領です。図11-2であれば「愛犬とCO_2を結びつけて○○というサービス、製品はどうだろう？」という要領でアイデアを考えてみてください。

また、アイデアブレストのときには次の5つに注意してください。

①評価・判断はあと回し ＝ 実現可能性は重要ではない
②変なアイデアこそイノベーション！ 大歓迎！
③他者のアイデアからふくらませる ＝ 共創環境を重視
④既存のサービス、製品はアイデアではない
⑤すでにあるかもしれなくても、とりあえず言ってみる

では、皆さんも考えてみてください。

このサンプルからだけでもかなりユニークなアイデアが浮かぶはずです。

実際のセミナーでは、こんなアイデアが出てきました。

・コンビニ × パンク ＝ 自転車屋さんが少ないのでコンビニでパンク修理ができる
・コンビニ × 旅行 × 忘れ物 ＝ 旅行先の忘れ物をコンビニで受け取れるサービス
・電動スクーター × CO_2 ＝ 電動スクーターの走行距離に応じて、CO_2排出量相当のポイントが貯まる
・電車 × 車中泊 ＝ 乗りすごしたときや格安で宿泊するために終着駅に車内泊できる車両がある

このアイデアだけでも、「あったら使ってみたい！」「便利！」だと思いませんか？

1つ1つは関連がなさそうなアイデアの「種」を結びつけるだけで意外にもたくさんのアイデアが出てくるものです。

このサンプルは某企業の新規事業部で使用したもので、実際にサービスを検討していたアイデアのもととなったマインドマップです。そのときは「エンゲージメント × 会議室 × バス × 鎌倉」を結合させました。コロナ禍が少し落ち着いた頃、リモートワークでコミュニケーションが希薄になった部署のエンゲージメントを高めるという目的で、稼働していない観光バスを会議室つきバスに改造し、バスの中で会議をしながら鎌倉へワーケーション（研修旅行）に行きます。鎌倉では古民家でゆったり仕事をしたり、ヨガやサップも楽しみながらウェルビーイングなワーケーションを楽しむことができます。バスの改造費用は広告媒体に苦戦するタバコメーカーに協賛していただき、車内に小規模の喫煙スペースを設けます。鎌倉市や観光バス会社などのつながりもあり、実現可能

第11章　アイディエーションの実践　　213

性はあったのですが、コロナ禍の収束もあって実際にはアイデア止まり
でした。しかし、考えている間、スタッフはワクワクして実現を楽しみ
にアイデアをふくらませました。

　このようなワークショップでは自由にアイデアを出せる雰囲気作りも
大切です。自社の業務と関係ないことですから、無責任にアイデアを出
すことができます。「売れないだろう」「実現不可能だろう」といった否
定的な思考は捨てて、お互いの意見を尊重し、さらにアイデアをふくら
ませ、要素を結びつけることで全員がワクワクすることが大切です。こ
の共創環境が基本的な心理的安全性を作ります。チームリーダーはその
点を意識しながら、まずは無責任にアイデアを楽しんでください。

　次は、内発的動機を起点にしたアイディエーションの方法をご紹介し
ます。

内発的動機の結合

　付箋紙（正方形のポストイットなど）、100円ショップなどで売って
いる模造紙（1091 × 788 ミリなど）、数色のサインペンを用意します。
4 〜 5 人のチームで行なうとよいでしょう。

　まず参加者は「誰かにしてあげられること」「誰かにしてあげたいこと」
を付箋紙 1 枚に 1 つずつ、1 人が 5 枚以上書き出します。どんな小さな
ことでもかまいません。たとえば、次のようなことです。

・簡単な表計算や企画書を書いてあげられる
・子どもや高齢者に〇〇を教えられる
・街でゴミ拾いをしている
・家族や友だちに英語を教えられる
・〇〇の資格がある
・ユニークな知人を紹介できる
・面白い映画を教えられる

・おいしいラーメン屋を紹介できる

　次に模造紙上にマインドマップを作成します。テーマは自社の事業でもよいですが、最初であればアイデアが広がりやすいSDGsにするとよいでしょう。中央に「SDGs」と記載し、そこから放射線状に「SDGs 17の目標」を紐づけます。なるべく多くのキーワード（アイデアの「種」）を連想して全員で協力して書き込んでいきます。模造紙いっぱいになるくらい書き出したら、各キーワードに対して「してあげられること」が書かれた付箋紙を置き、キーワードと結びつけてアイデア大喜利と同じ要領でアイデアを多産します。

　たとえば、「宇宙」というキーワードに対して「マッサージをしてあげられる」をかけて、「宇宙飛行士専用マッサージを開発する」といったように、今までにないアイデアを考えてみます。

　結果的にSDGsから離れたアイデアになっても気にする必要はありません。ここで大切なのは主語が私の「してあげられること」「してあげたいこと」と社会課題から生まれたキーワードを結びつけることです。「やらなければいけないこと」「やらされていること」ではなく「してあげたいこと」は、今のあなたが持つ内発的動機です。それを起点に何かを実行すれば、それは必ず誰かに喜ばれ、感謝されます。

　現実的な社会課題の解決よりも、まず自分ができることから結合を生み出すトレーニングをすることで、内発的動機からアイデアを生み出す「型」を理解することができます。 これがこのワークの目的です。そこから生まれるアイデアはワクワクする持続可能なアイデアになるはずです。

　「してあげられること」「してあげたいこと」は自分自身のライフワークにできる内発的な行動です。逆に「やらされていること」や「やらなければいけないこと」は受け身で義務的な行動になります。

第11章　アイディエーションの実践　　215

「やらされていること」「やらなければいけないこと」とは……

強制的な業務：他人の指示に従い、意欲とは関係なく遂行する義務的な仕事

受動的なタスク：自らの意思ではなく、外部から圧力を受け行なう作業

外発的動機での業務：自分の意欲ではなく、他人からの期待や義務感によって行なう仕事

義務遂行型の仕事：自分の意思や目的ではなく、他人の期待やルールに応じて行なう仕事

受け身の仕事：自らの希望にもとづかず、他者の指示によって行なわざるを得ない業務

　つまり、他人からの指示や義務で生計を立てるための仕事です。「他人事」や「義務感」というニュアンスを含んでいて、「やりたいからやっている」わけではない仕事です。それに対して「してあげられること」「してあげたいこと」は次のようになります。

「してあげられること」「してあげたいこと」とは……

自主的な業務：自分の意思や情熱にもとづいて、自発的に取り組む仕事

能動的なタスク：他人からの指示ではなく、自ら進んで行なう作業

内発的動機での業務：自分の興味や価値観にもとづき、自らの意志で行なう仕事

自己実現型の仕事：自分の目標や意義に沿って、自発的に取り組む仕事

主体的な仕事：他人の指示に依存せず、自らの判断で進める意欲的な業務

仕事は大別すると次の2つのタイプがあります。

・ライスワーク＝生計のための仕事
・ライフワーク＝内発的な生きがいや情熱を注げる仕事

この2つが近ければ近いほど、人は充実感や幸福を感じます。困難な状況でも「成長の機会」と感じることができ、やり遂げるモチベーションも生まれます。また、自分のパーパス（存在意義）と組織のパーパス、社会のニーズが重なった部分が仕事を最も自分ごとに感じられる領域です。もし、新規事業の中でそれが実現できたらとても幸せなことです（図11-3）。

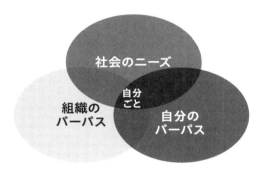

**社会のニーズ×組織のパーパス×自分のパーパス
自分ごと化できているか？**

創造的で自立した持続可能な組織の基本条件

図11-3　組織と自分の重なるところに「自分ごと」の場を作る

たとえば、あなたが企業に属していて、自社の事業とは関係なく個人的に「環境破壊を食い止める」「孤独死をなくす」といったパーパス（内発的動機）を持っていて、それを心から実現したいと思っていたら、あなたは今の企業にはいないでしょう。

もちろん、誰もが本気で解決したい社会課題を抱えているというわけ

ではありません。それであっても、「自分がどれだけ内発的にやりたいか」は重要です。新規事業開発は未知の領域の仕事です。スティーブ・ジョブズ氏が「それだけ大変で、情熱がなければ、まともな人ならあきらめてしまう。だからそれが大好きで楽しくなければあきらめてしまうだろう」と言ったように「やらされている」のではなく「してあげたい」「したい」こと、つまり仕事が「自分ごと」になっていなければ途中で心が折れてしまうのです。

自社アセットの結合

次はもっと現実的な結合です。この段階ではチームが自社のアセットを把握していることが前提になります。前の章で作成した自社のアセットマップを見ながら、前述のマインドマップと同じ要領で社内にある技術や知財などのリソースを結びつけてみます。

これまで紹介したワークとの大きな違いは、記載されているすべてが自社のビジネスと紐づいていることです。現実的なテーマなので、アイデアが小さく収まってしまいがちですが「創造性は結びつけることにすぎない」ということを思い出し、拡散思考で柔軟に結びつけながら発想（妄想）してください。心理的安全性を意識して互いの意見を尊重・拡張し、なるべく多くのアイデアを多産することが大切です。

オープンイノベーション

「オープンイノベーション」とは、企業が外部のアイデアや技術、知識を積極的に取り入れ、内部のアイデアと組み合わせてイノベーションを促進する手法です。 新規事業の実現にあたり、自社にはない技術やソリューションが必要になるときがあります。たとえば、「資本力と社会的な知名度はあるが新しいアイデアがなかなか出てこない大手企業」と「資本力が弱く知名度も低いがユニークなアイデアと技術を持つスタートアッ

プ」との新結合で新しいアイデアを一緒に生み出すこともできます。他社の技術と自社の技術を結合することでゼロから開発するより、スピーディーに開発することが可能です。

　オープンイノベーションの成功事例で有名なのが P&G（プロクター・アンド・ギャンブル）が 2000 年代初頭に導入したオープンイノベーション戦略「Connect + Develop（コネクト＆デベロップ)」です。同社は 2000 年前半に株価が半減し深刻な状態になりましたが、2007 年には研究開発の生産性は 60％増加、イノベーションの成功率が 2000 年と比較して 2 倍以上に増加したと報告されています（※）。

※出所：内閣府　2008 年 2 月 5 日　知財戦略本部　知的財産による競争力強化専門委員会「オープン・イノベーションと知的財産を巡る現状等について」
https://www.kantei.go.jp/jp/singi/titeki2/tyousakai/kyousou/dai4/siryou1.pdf

　P&Gは、自社の製品開発やイノベーションを促進するために、Webサイト「Connect + Develop（C+D)」（https://www.pgconnectdevelop.com/)を通じて世界中の発明家や技術者からアイデアを募集し、社外の技術やアイデアを積極的に取り入れることで、社内の研究者と外部の専門家と知識共有や問題解決を行なっています。これによって、社外の革新的な技術や製品コンセプトを柔軟に取り入れイノベーションを推進しています。
「Connect + Develop（C+D)」には次のことが書かれています。

「P&G の「Connect + Develop（C+D)」は、スタートアップとのコラボレーションを積極的に進めています。スタートアップの俊敏で大胆なアプローチや好奇心によって、従来の枠を越えるアイデアが生まれると期待しています。このパートナーシップにより、P ＆ G は戦略的課題を解決する革新的なソリューションを開発し、ポートフォリオ全体に新たな価値を提供します。P ＆ G はスタートアップとの共同開発、共

第11章　アイディエーションの実践　　　219

同での新しい提案の創出、または買収を通じて自社のブランドや技術を強化し、成長を加速させることを目指しています」

出所：https://www.pgconnectdevelop.com/what-is-connect-develop

　日本では全企業のうち約99.7%が中小企業です。大手企業と中小企業やスタートアップが組むことで、双方の強みを活かし、大手企業の硬直性を補って柔軟性とスピードを発揮でき、市場拡大の可能性も見込めます。スタートアップとのオープンイノベーションはとても注目されていますが、階層構造で意思決定に時間がかかる大手企業と、組織がフラットで意思決定の早いスタートアップとでは企業のカルチャーがまったく違います。

　私の経験上、オープンイノベーションに大切なことは企業の冠を超えた人同士の信頼関係だと感じています。端的に言えば、**オープンイノベーションは受発注の関係とは違い、お互いの尊重とWin-Winの関係構築です。双方に利益をもたらすことで長期的な関係構築を目指していくことが前提条件です。**受発注の関係になってしまったり、どちらか一方の立場だけが優先されるようになると関係性は壊れてしまいます。

　かつて私がかかわったオープンイノベーションの案件では、両社の関係性構築のため、双方の協業による可能性を見極めた時点で、実務に入る前に「何をやるか」より「なぜやるか」を双方で共有するところから始めることを目的にキックオフイベントを開催しました。

　このイベントでは両社混合のグループを作り、双方の仕事以外の個人の「思い」を共有するワークから始め、個人個人が「何のために何がしたいか」を共有し、信頼関係を構築しました。両者のバランスを取るためには、オープンイノベーションの責任者には双方を俯瞰して見ることができるマネジメント能力が問われます。同時に、企業同士が双方にとって利益のある戦略的な提携関係が持続することを常に意識する必要があります。

リバース・アサンプション

もう1つアイデアを生み出す方法を説明しましょう。**「リバース・アサンプション」とは、既存の前提条件を逆転（リバース）することで、新しい視点やアイデアを生み出す方法です。**まず物事の前提条件を3つ書き出し、その前提をすべてを否定します。その後、否定した前提に対して説得できる内容を考えます。

まず、テーマを決めて、そのテーマの前提条件3つを書き出します。たとえば、レストランの常識を3つ書き出して、それぞれを否定してみましょう。

①メニューがある　→　メニューがない　→　対話で決める
②店舗がある　→　店舗がない　→　ネットから Uber Eats でデリバリー
③店員がいる　→　店員がいない　→　AI チャットボットが対応

否定したあとに、常識を再定義します。「メニューがないのでお客さんと対話して料理を決める」「店舗がないのでネットでデリバリー」「店員の代わりに AI チャットボットが対応する」としましょう。このように再定義した上で利用シーンも含めて「どんなレストランになるか？」と想像します。すると、こんなレストランが生まれます。

レストランのサイトにアクセスするとメニューはありません。AI のチャットボットがあなたの食べたいものの相談を受けつけます。対話を通じて AI があなたの食べたい料理を決め、ロボットが調理して Uber Eats に発注し、デリバリーされます。つまり、新しいレストランは「AI フードコンシェルジュ」事業ということになります。

このように常識を否定して、否定した内容で新たな製品・サービスを

考えます。

それでは実践してみましょう。「ホテル」をテーマに次のワークシートを埋めてください（図11-4）。

物事の常識を3つ書き出し、常識を否定して、否定したものを説得できる内容を考える

| ①常識
ホテルの前提条件
(1)
(2)
(3) | ②常識の否定
ホテルの前提条件の否定
(1)
(2)
(3) | ③常識を再定義
(1)、(2)、(3)がなかったら?
(1)
(2)
(3) |

④新しい常識
新しいホテルとはどんなホテルですか？

図11-4 リバース・アサンプションの例

　正解はありません。しかし、このフレームワークに当てはめると大成功したビジネスモデルが見えてきます。たとえば、次のようになります。

①宿泊施設を所有している　→　宿泊施設がない　→　誰かの家
②従業員がいる　→　従業員がいない　→　その家の住人
③支払いがある　→　支払いがない　→　ネットで決済

　このサービスはAirbnbに似ていると思いませんか？　皆さんもご存じの通り、Airbnbはサイトやアプリから宿を予約して、現地の一般の人々が所有する家に宿泊できるサービスです。2020年12月にパンデミックの影響があったにもかかわらず上場し、初日の終値で時価総額が約1000億ドル（約15兆7000億円）に達しました。2023年度の年間売上は約110億ドル（約1兆7000億円）にのぼり、現在ホスト数は500万

人を超えています。

　そんな Airbnb ですが、2008 年 8 月創業当時の評価は「旅行産業は成熟しているので必要なし、ホテルで十分。そもそも、見知らぬ他人の家に泊まりたい人はいない」と批判されました。創業 1 年が経過しても資金調達のために投資家に声をかけては断られ、創業者は何万ドルもの借金を抱え、やっと全国紙に取り上げられるも顧客は来ない。こんな悲惨な状況でしたが、自分たちのビジョンを信じ、宿泊プラットフォームではなく、ホストとゲストのコミュニティという新たな価値創造やミレニアル世代のニーズに応えたリーズナブルでユニークな旅行体験を提供したことで、最終的に成功を収めたのです。

　Airbnb の共同創業者ブライアン・チェスキー氏とジョー・ゲッビア氏は、どちらもデザインスクール出身です。アート思考のマインドとデザイン思考の顧客中心のプロセスを取り入れることで、独創的なアプローチができたのではないでしょうか。

　ここでお伝えしたいのは、「Airbnb がリバース・アサンプションで生まれたかどうか？」（たぶん違います）ではなく、**「これまでの常識を否定するだけで新しいアイデアが生まれる」**ということです。たとえそのアイデアが「荒唐無稽だ！」「そんなものに誰もお金を払わない」と否定されても、ユーザーの深層ニーズに寄り添い、トライアル＆エラーを繰り返しながらビジョンを形にする情熱や信念があれば、アイデアが新たな価値を生み出す可能性があるということです。

オズボーンのチェックリスト

　皆さんがアイデア出しの際によく行なっている「ブレインストーミ

ング」の名づけ親がアレックス・オズボーン氏です。彼は著書『Your Creative Power』（1948年刊行）でブレインストーミングという概念を初めて紹介しました。「オズボーンのチェックリスト」は既存のアイデアを改良したり、転用したり、大きさを変えたりして新しいアイデアを生み出すための視点を提供します。既存の事業を13の項目に当てはめて考えてみましょう。

　たとえば、オズボーンのチェックリストを「テレビ局」をテーマにして作ってみると次のようになります。

①用途変更：テレビ局をほかの目的に使えますか？
　例：教育のオンライン プラットフォームとして利用、ライブ配信スタジオの貸し出し

②応用する：ほかの業界の成功事例をテレビ局に応用できないか？
　例：サブスクリプションモデル（Netflix や YouTube Premium など）

③変更する：コンテンツの形式や配信時間を変更してみたら？
　例：深夜番組を昼間向けにリメイクし、ショート動画化して TikTok で配信

④拡大する：放送範囲を大きくできないか？
　例：地方局をグローバルネットワークに発展、メタバース空間での放送局を展開

⑤縮小する：放送範囲を縮小することで新たな価値を考えることができないか？
　例：超ニッチなテーマに特化した専門チャンネル

⑥代用する：何か別のものに置き換わりますか？

例：すべての放送を衛星通信や5Gで代用

⑦再度配置する：順序や構造を変えることで新しい価値を作れないのか？
　　例：視聴者参加型番組をプライムタイムに移動

⑧逆転させる：通常とは逆の方法で運営できないのか？
　　例：視聴者がコンテンツを選んでプロデュース、制作スタッフを公開化する。

⑨結合する：ほかの要素と組み合わせられますか？
　　例：SNSやゲームアプリとのコラボ、ラジオ局などとの統合

⑩分解する：これまでの構成要素を細かく分けて使えないか？
　　例：番組の一部を再編集してTikTokやインスタグラムで配信

⑪ほかのユーザー：追加的な用途を付加できないか？
　　例：テレビ局をイベント会場やコミュニティセンターとして活用

⑫強調する：これまでの特徴や要素を強化できないか？
　　例：ニュース番組の速報性を極限まで高め、ドラマ制作の品質を映画レベルに

⑬否定する：要素を取り除けないか？
　　例：CMを完全に排除したチャンネル運営

　13の項目で要素を考え直し、さらにリバース・アサンプションすることで新しいビジネスのヒントが見えてきます。

第11章　アイディエーションの実践　　　225

生成AIを使ったアイディエーション

　アイデアを多産するために生成AIを活用する方法も考えられます。プロンプトさえ工夫すれば、100個程度のアイデアはすぐに生成してもらえます。ちなみに、本書の3分の1程度の項目は生成AIで文書を作成したり、内容の確認に使ったり、表現やアイデアの拡張などに活用しています。

　現時点では、AIを毎日使っているという人はあまり多くありませんが、そのうちエッジAI（ネットワークの端末機器に搭載されたAI）がスマホや家電などに搭載されることで、AIを使っていることすら意識しなくなる世界になるでしょう。

　また、「アイデアや創造性は人間だけの仕事」と思っている人は、すでに時代に乗り遅れているともいえそうです。生成AIは創造性の重要な要素である「結びつける」能力が非常に優れています。たとえば、「ドラえもんとクレヨンしんちゃんを結びつけて感動的なドラマをつくってください」などというプロンプトを与えてみると、数十秒でそれぞれの作品の特徴を汲み取って、それなりに感動できるストーリーを作ってくれます。

　このようにアイデア創出の補助ツールとしてAIを活用することは非常に有益ですが、完全に依存することは避けたほうがよいでしょう。たとえば、アイデア創出を最初から生成AIに丸投げするのはおすすめしません。なぜなら、AIに考えさせてしまうと、自分に思考のパターンが身につかず、創造性が失われますし、一番肝心な「内発的動機」がないままプランが進んでしまう危険性があるからです。最適解としてAI

が提案してくれたプランと、自分が内発的に「社会のために」「人の笑顔を見たい」と思って必死で考えたプランを比べたときに、どちらが持続可能性や成功確率が高いでしょうか？

　そもそも新規事業開発は苦難の連続です。これまで何度も述べましたが、成功させるには強い内発的動機と情熱が不可欠です。情熱的なエネルギーとモチベーションがなければやり通すことができません。また、情熱を持つことでチームメンバーの共感を呼びますし、投資家に対する説得力も生まれます。

　そう考えると、AI が考えてくれたことに情熱を持って取り組める人は少ないのではないでしょうか？　内発的動機、情熱、実行力、経験において AI は人間には及びません。また、これこそが人間の重要な役割とスキルです。確かに AI は合理的な最適解をたくさん出してくれますが、それに依存するのではなく、アイデアの拡張や違った視点を見つけるためのツールとして上手に活用してください。

　このことを前提として、まずは自分たちでアイデアを多産し、拡張や気がつかなかった点を補足するための使い方をご紹介します。オズボーンのチェックリストをもとに ChatGPT に次のプロンプトを与えます。

あなたはテレビ局の新規事業担当です。テレビ局をテーマにオズボーンのチェックリストをもとに新規事業のアイデアを作成しください。

　ChatGPT の回答のうちいくつかを以下にピックアップしますが、ご覧の通りありきたりの内容です。

　　6. 代用する
　　提案：従来のニュースキャスターを AI アバターに置き換える。
　　理由：AI アバターは 24 時間対応可能で、カスタマイズも容易。技
　　　　　術の新しさで視聴者を引きつける。

第11章　アイディエーションの実践　　　　227

9. 結合する
提案：クラウドファンディングとリアリティショーを組み合わせた
　　　番組を制作。
理由：視聴者が番組の内容に直接関与でき、資金調達にもつながる。
　　　たとえば、視聴者が支援したいプロジェクトに投票し、その
　　　プロジェクトを番組で取り上げる。

　AI はよく「壁打ち」に使うと聞きます。実際、孫正義氏も「壁打ちに使用する」と言っていました。それに対して『だれにでもわかる NFT の解説書』（ライブパブリッシング、2021 年）の著者で AI の講師もされている足立明穂氏は「壁壊し」に使うことが一歩進んだ活用だと言います。「壁打ち」とは、自分の考えを相手にぶつけて確認して整理することを指します。しかし、それだけでは「自分の考え」から抜け出ることができません。それに対して「壁壊し」は、自分とは違う見方や考え方を得て、自分の思考の壁の向こう側にある新たな気づきを求め、自分の視野を広げることを目的に生成 AI を活用します。
　私は、足立氏に「壁壊し」の方法を教えてもらいました。目的の反対にあるプロンプト、あえて求める回答とは逆のプロンプトを与えてみます。たとえば、今回の件であれば、当然、生成 AI 側は「お金になる（収益性がある）」や「視聴率が取れる」が最適解であることを前提に回答します。しかし、あえて「お金にならない企画」という逆方向からのプロンプトを与えてみます。すると、7 ～ 8 割はどうしようもない回答になりますが、残り 1 ～ 2 割が「なるほど！」という回答になります。

あなたはテレビ局の新規事業担当です。テレビ局をテーマにオズボーンのチェックリストをもとにお金にならない新規事業のアイデアを作成してください。

　すると、次のような回答が得られます。

9. 結合する

提案：子ども向け教育番組と哲学討論番組を組み合わせる。

理由：ターゲット層が合わず、視聴者が少ないため収益が見込めない。

　確かにお金になりそうもない企画です。次に「テレビ局ができない新規事業」というプロンプトを与えてみます。

あなたはテレビ局の新規事業担当です。テレビ局をテーマにオズボーンのチェックリストをもとにテレビ局にはできないアイデアを作成しください。

　当然、コンプライアンス的に不可能な回答ばかりが出てきます。実は、この中に未知のプランが眠っているかもしれないのです。視点の変え方、アイデア拡張のヒントをこの回答から妄想する（人間の創造性を使う）ことで、自分の思考にはなかった新たなひらめきが生まれる可能性があります。私は次の回答が気になりました。

9. 結合する

提案：放送中のすべての広告を視聴者のリアルタイムな個人情報と組み合わせてカスタマイズする。

理由：プライバシーの侵害にあたるため、法律に反する。

　では、もう一歩踏み込んで、「もし、この実現不可能なことをテレビ局がやるとしたらどのようにすればいいか？」という条件を追加したプロンプトを与えます。

あなたはテレビ局の新規事業担当です。実現不可能な【結合】の「放送中のすべての広告を視聴者のリアルタイムな個人情報と組み合わせてカ

第11章　アイディエーションの実践　　229

スタマイズする。」をテレビ局がやるとしたら？

　すると、次の回答が得られました。

　　9. 結合する
　　改良案：視聴者の同意を得て、匿名化されたデータを使用してカス
　　　　　　タマイズ広告を放送する。
　　方法：視聴者が自発的に広告カスタマイズサービスに登録し、同意
　　　　　を得た上で匿名化されたデータを収集。個人情報を保護しな
　　　　　がら、視聴者に関連性の高い広告を提供する。
　　収益性：
　　・ターゲティング広告
　　　カスタマイズ広告を企業に提供し、高い広告効果を売りに広告料
　　　金を設定。
　　・データ分析サービス
　　　収集したデータを活用して、企業向けのマーケット分析サービス
　　　を提供。
　　・プレミアムサービス
　　　広告非表示のプレミアム視聴サービスを有料で提供。

　このようにプロンプトを工夫して「壁壊し」をすることで、新たなア
イデアを生成することもできます。

第12章

イノベーションを生み出す組織

「新しい組織の創出」という
イノベーション

　イノベーションは「革新的な技術」と理解されていることが多いのですが、本質的な意味は**「既存の枠組みや常識を打ち破り、社会に新たな価値を生み出すこと」**です。新しい製品・サービスを開発するだけでなく、ビジネスモデル、プロセス、組織構造、そして考え方そのものを刷新し、「社会全体に変化をもたらす」ことを意味しています。「イノベーション」という言葉を生んだ経済学者ヨーゼフ・シュンペーターはイノベーションの定義を次の5種類に分類しました。

①**新しい製品の創出**
　これまで世になかったまったく新しい製品やサービスを生み出す。

②**新しい生産方法の導入**
　従来の生産方法を根本から見直し、より効率的で革新的な生産プロセスを導入する。

③**新しい市場の開拓**
　未開拓の市場に進出し、新たな需要を創出する。

④**新しい資源の獲得**
　新しい原材料やエネルギー源を発見・開発し、経済活動に活用する。

⑤**新しい組織の創出**
　企業組織や企業カルチャー、産業構造を根本から変え新しい組織を創出する。

新規事業やイノベーションを生み出す上で、新しい技術や斬新な製品・サービスのアイデアを生み出すことばかりに注目が集まりますが、アイデアが生まれても、それを実現する組織がなければ、どんなに素晴らしいものであっても意味がありません。シュンペーターが、**「新しい組織の創出もイノベーションの１つである」**と定義しているように、組織構造を変えるだけでなく、組織文化や行動様式を根本的に変える組織リノベーションから始める必要があります。

　変化の激しい、予測不能な現代で新規事業を生み出す上で、時代に適応したパーパスの再構築を行ない、生産性重視のトップダウン指示型の縦割り組織から「自律性」「柔軟性」「協働」「創造性」を軸にした自律分散型組織、アジャイル組織、ティール組織などの要素を取り入れ、時代に即した組織へリノベーションすることも重要なテーマです。

　アメリカの起業家であり、「リーン・スタートアップ」の概念の提唱者エリック・リース氏は、著書『スタートアップ・ウェイ』（日経BP、2018年）で、シリコンバレーに共通する信念として「すべてはチームだ」「アイデアの前にチームを見て投資する」と述べています。これは、「どれほど優れたアイデアであっても、それを実行するチームが優秀でなければ成功しない」という考えにもとづいています。

組織リノベーションに必要な要素

　組織をリノベーションする上で必要な３つの要素があります。
①トップのコミットメント
②パーパスの浸透と全社員の参加
③外部専門家の活用

第12章　イノベーションを生み出す組織

1つずつ見ていきましょう。

1　トップのコミットメント

コミットメントとは「委託、関与」「公約、約束、言質」「責任」「参加」などを意味します。 組織のトップは組織変革の必要性を強く認識し、組織変革が10年先を見据えた事業の重要課題であるという意識を持つ必要があります。その実現に向けてトップ自ら責任を持って全力を尽くす姿勢を示すことは、組織全体の士気を高め、変革への抵抗を減らす上でとても重要です。

また、新規事業開発においては他部署との連携や共創が必要になります。大きな企業ほど縦割り構造が強いため、新規事業部にトップがコミットメントしていないと、他部署からの協力が得られず孤立してしまいます。実際にそんなケースも多く見られます。

トップのビジョンとリーダーシップが、組織リノベーションの羅針盤となり、社員に新たな方向性を示し、その思想や意思が組織に浸透し、それに共感していることが組織変革の成否を左右する重要な要素となります。

コミットメントやリーダーシップだけでなく、オープンでフラットな組織文化も重要な要素です。

2024年6月、時価総額がアップルやマイクロソフトと並び世界首位になったエヌビディアの背景にはジェンスン・ファン社長が生成AIやGPU（グラフィックス・プロセッシング・ユニット：画像処理に特化した演算装置）に早期から注目したという「先見の明」だけではなく、同社独自の組織文化がありました。

ファン社長は、従業員が自分の意見やアイデアを自由に経営陣に伝えることができる環境を作りたいと考えており、そのために自らのメールアドレスを公開し、社員から送られるメールのすべてに目を通していた

そうです。従業員は自分の意見が直接経営に反映される可能性を感じ、モチベーションが高まります。このアプローチは、オープンでフラットな組織文化を築くための重要な要素の1つです。

2　パーパスの浸透と全社員の参加

近年「パーパス経営」が注目を集めています。パーパス（purpose）は「目的、意図、意義」と訳されますが、企業経営では企業が利益をあげるためにだけ存在するのではなく「企業の社会的な存在意義」を示すという意味で使われます。パーパスは「ビジョン＝どこを目指すのか（Where）」「ミッション＝何をするのか（What）」「バリュー＝どのように実現するか（How）」の上位概念として**「なぜ自社は社会に存在するのか？」**に位置します（図12-1）。

図12-1　企業カルチャーの土台パーパスを再定義〈ブレない姿勢と共通意識〉

リノベーションに成功している組織は自社のパーパス策定の過程において、社員の意見を積極的に取り入れ、トップ自ら社員1人1人にパーパスが浸透するよう努力をしています。パーパスが社員に浸透することで、自らの仕事が組織の大きな目的とつながっていると実感し、社員はより強く自社に対する愛着心を持ち、使命感とやりがいを感じ、1人1人が変革の主体者となって、自発的に行動することができるようになります。

　トップが変革の目的や意義を全社員に共有し、浸透させ、それぞれの立場から貢献できるような仕組みを構築することで組織内の階層を減らし、意思決定を迅速化することで、変化に素早く、柔軟に対応できる組織構造を目指します。

　かつてサンリオ社内の新規事業プレゼンテーションの評価を担当したとき、発表した多くのチームが「ギフト」というキーワードを使っていました。理由を尋ねると、サンリオの創業者である辻信太郎氏が「戦争という悲惨な原体験から小さな贈り物を通じて、人々が笑顔を交わし合うことが、心の豊かさにつながり平和な社会を作る」という理念を持っていたことがわかりました。この「スモールギフト、ビッグスマイル」という理念が社員1人1人の心に深く根づいており、プレゼンテーションにも自然と表れていたのです。

　また、2010年代初頭、業績不振に陥っていたソニーのCEOに就任しV字回復を成し遂げた平井一夫氏は著書『ソニー再生　変革を成し遂げた「異端のリーダーシップ」』（日本経済新聞出版、2021年）で、年間100カ所以上の各部門や各国のオフィスを訪問し、社員たちと直接対話を行ない、各訪問先で「感動」というキーワードを繰り返し伝えたと語っています。平井氏は、「感動」がソニーの差別化要因であると考え、それがソニーの全製品やサービスに反映されるように社員1人1人にその重要性を伝えたのです。

3 外部専門家の活用

　多くの企業、または部署にとって新規事業は未経験の場合も多く、成功経験がある人才はさらに少なくなります。やったことも成功したこともないのに自分たちだけで何とかできるでしょうか？　さらに今まで学ぶことをしてこなかった従業員がいきなり独創的なアイデアを出し、それを仮説検証し、事業計画や事業戦略を立てることができるでしょうか？

　組織内部の視点だけでは気づけない問題点を客観的に見て伴走支援する外部の専門家やコンサルタントを活用することで、効果的に新規事業を推進することが可能になります。新規事業の専門家は、豊富な経験と知識にもとづいて、組織に最適な変革計画を策定し、実行を支援することができます。

　外部の活用パターンは大別するとコンサルティングと伴走支援の2種類があります。一般的にコンサルタントは、外部の視点を持って客観的に組織やビジネスモデルを評価し、過去の成功事例やベストプラクティスにもとづいて、新しい視点や方法を提案するため、ロジカル思考にもとづいた説得力のある事例を提案します。

　しかし、コンサルタントに丸投げした場合、社内の人間は言われた通りに実行する姿勢から抜け出せないため、内発的なモチベーションを持つことができず、結果として事業の継続性が保たれない場合もあります。また、コンサルタントと組織内で十分なコミュニケーションがとれず、コンサルタントの提案が内部の意見や経営方針、企業文化と大きく異なる場合、ビジョンが浸透せず、とん挫することも多くあります。また、大手コンサルティングファームのフィーは高額であることが多く、これが中小企業やスタートアップにとって大きな負担となったり、成果を費用対効果的、つまり義務に感じてしまう可能性もあります。

第12章　イノベーションを生み出す組織

私の場合は、企業からの直接のご依頼のほか、ビザスクやサーキュレーションといったプロ人材シェアリング経由でご依頼をいただくこともありますが、コンサルタントではなく伴走支援で、「提案する」というよりは、組織のメンバーから「内発的動機を引き出す」メンターやファシリテーションといった立場でお手伝いしています。

　内発的動機やモチベーションといったメンタルな領域を起点に組織カルチャーや経営方針を把握し、経営と現場の双方向的な共感を持って伴走するので、まずチームビルディングや、内発的動機を重んじたアプローチから始めます。

　新規事業部が自らの力で内発的に事業を生み出すための、経営層との意思共有から始まり、アドバイスや壁打ち、ファシリテーションに加え、メンバーと個別に1on1を行なうなど、メンター的な役割も果たします。企業の体質や、現状に至る背景を踏まえ、担当者と緻密な打ち合わせを重ねつつ、進捗に合わせて柔軟に施策を提案し、アジャイルに事業化までのサポートをしていきます。

　このように内発的にアイデアを自ら生み出すところから始まるため、時間と人的リソースの投入が必要です。また、失敗を許容するスモールスタートの積み上げになるため、短期的な成果を求める組織にとっては負担となる可能性があります。また、組織のカルチャーにかかわるアプローチをするため、経営陣と現場の間にカルチャーギャップが生じると実現可能性は低くなります。

　コンサルタントと伴走支援のどちらが良い悪いではなく、組織の状況や環境によって使い分ける必要があります。明確な問題・課題があり、特定の解決策や戦略が早急に必要な場合にはコンサルタントが適していますが、組織全体のカルチャーやマインドセットを変えていく必要がある場合にはコーチやメンター的な役割を果たす伴走支援のほうが適しています。コンサルタントの領域も伴走に近い支援をする傾向も多くなっているので、コンサルタント事業社やプロシェアリングの事業社に相談

してみてください。

　これらの要素は相互に関連しており、それぞれがほかの要素を補完し合います。

　たとえば、トップのコミットメントがなければ、全社員の参加を得ることは困難であり、スモールスタートの成功も保証されません。また、外部専門家のアドバイスを効果的に活用するためには、組織内部で十分な議論を行ない、共通認識を形成しておく必要があります。組織変革は、単なる構造的な変化ではなく、組織文化や社員の意識改革をともなう、より深いレベルでの変革です。そのため、これらの要素を効果的に組み合わせ、長期的な視点を持って取り組むことが重要です。

自律分散型 アジャイルアート思考組織から生まれた「RESAS」

　2015年にクリエイティブ・マネージャーとした参加した地域経済分析システム「RESAS」の開発プロジェクトでは、ゼロからチームを召集し、チームビルディングから始めました。

　15ページでも紹介しましたが、内閣府が運用する地域経済分析システム「RESAS」は、地方創生予算を自治体に有効活用してもらうために、人口動態、産業構造、雇用状況、観光など、膨大なビッグデータをビジュアライズ（可視化）することで、専門的な知識がなくても直感的にデータにアクセスし、地域の特性を分析できるWebサイトです（https://resas.go.jp/）。

　内閣府に設置された「まち・ひと・しごと創生本部」は、急速に進行する少子高齢化や人口減少、さらに東京一極集中といった深刻な課題に

対応するために、地方自治体がさまざまなデータを活用し、効果的な政策を立案・実行するためのツール「RESAS」の開発を喫緊の課題としていました。当初は2年だった開発計画はわずか半年に短縮され、非常に厳しい目標が設定されました。　さらに膨大なデータをどのようにブラウザに表示できるかは、実際に試してみるまでまったく見当がつかない状況でした。

　通常、この規模のプロジェクトであれば、仕様書（設計図のようなもの）を作成するだけで半年程度は必要なので、完全に納期に間に合いません。そのため、従来の仕様書通りに進行を管理するウォーターフォール型ではなく、その場でアイデアを形にしながら進めていく柔軟で即興的なアプローチが求められました。当時の私は「アジャイル開発」という方法を知らなかったのですが、結果としてそれを使っていました（図12-2）。

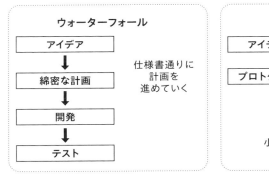
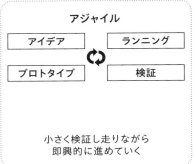

図12-2　ウォーターフォール型とアジャイル型の違い①

　開発にあたりクリエイティブ・マネジメントのフローにアジャイル開発の柔軟性と迅速性を加えることで、効果的かつ創造的なプロジェクトの進行が可能となりました。

　157ページでも述べましたが、アジャイル開発が生まれた背景には、

従来のウォーターフォール型開発の限界に対する反省があります。従来の開発モデルでは、あらかじめ確定された仕様にもとづいて、各工程が順序立てて進行する硬直したプロセスであるため、一度進んでしまうと、あと戻りすることが難しく、短期間で変化する市場に対応できないことや、完成が近くなって初めてテストが行なわれることで問題の発見や修正が遅れるリスクが高くなります。加えて顧客の要求が完全に定義される前にプロジェクトが進行するため、仕様変更が発生するとコストが高くなるといった課題がありました。

　変化が激しく、敏速な開発が求められる中で、ガチガチに仕様書を固めて、最初に決めた通りにしか製品・サービスを開発できない環境では、変更の必要が生じてもあと戻りもできなくなり、「とりあえず作ってみたが、現場では使いものにならなかった」といったケースはよくあります。これを避けるために、仕様書通りに完成させるのではなく、小さな部分に分けて、開発中に起こる状況の変化やニーズの変更などに柔軟に対応しながら、頻繁に見直しや改善を行なうプロジェクトを進行させるアプローチが求められています。

　2001 年、アメリカのユタ州スノーバードで 17 人のソフトウェア開発者が集まり、アジャイルソフトウェア開発宣言（アジャイルマニフェスト）を発表しました。この宣言は次の「4 つの価値観」と「12 の原則から」成り立っています（158 ページ参照）。

　組織も人も多種多様ですし、状況によっては、ウォーターフォール型のほうが適している場合もありますが、少なくとも新規事業立ち上げの有効な手法として効果的です。

　このプロジェクトを担当するにあたり、私は決裁権と人事権を与えてもらうことを条件にしました。限られた時間の中で、組織の人事や決裁を待っている時間はありませんでした。ひたすら多くの人と会い、適材適所を見極めながらメンバーを選定しました。そして、各メンバー 1

第 12 章　イノベーションを生み出す組織　　241

人1人と報酬の交渉からミッションとビジョンの共有までを密に話し合い、組織を編成していきました。

　アジャイル型でプロジェクトを進める上で重要だったのが、創造的で自律したチームの組成でした。従来のウォーターフォール型の組織は、たとえるなら「クラシック的野球型チーム」であるのに対し、アジャイル型は「ジャズ的サッカー型チーム」です（図12-3）。
　クラシック音楽は一般的に楽譜を重視し、作曲家が記した譜面を指揮

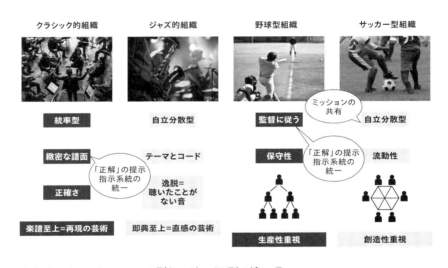

図12-3　ウォーターフォール型とアジャイル型の違い②

者の指示のもとに忠実に再現することを基本としています。これは仕様書を忠実に再現するウォーターフォール型のアプローチに似ています。
　一方ジャズは、コード進行とテーマとなるメロディーが土台となり、演奏者が自由に即興演奏（アドリブ）を展開します。テーマのメロディーから始まり、その場で即興で音楽を創っていき、最後に再びテーマのメロディーへ戻るというスタイルを持っています。それぞれの演奏者が

自分のパートを自律的に解釈し、音でコミュニケーションを取りながら個性を最大限に発揮して演奏します。全員が共通のビジョンにもとづき、それぞれのスキルを発揮しゴールに到達します。

野球は、監督やコーチが戦術を指示し、選手はその指示に従ってプレイする場面が多く、全体としては、リーダーシップ主導でチームが動く傾向があります。また、守備範囲は固定されており各選手のポジションが決まっており、その範囲内でプレイすることが多いため、個々の役割がはっきりとしています。野球は、効率良く安定した成果を出しやすく、生産性重視の時代に適しているといえます。

一方、サッカーではフィールド上で自律的に判断し、状況に応じて行動します。もちろん監督の戦術や方針はありますが、実際のプレイ中は選手1人1人の判断が重要であり、協力し合いながら状況に応じた最適な動きが求められます。サッカーは、野球に比べ守備範囲が広く、攻守の切り替えやポジションも流動的であり、必要に応じて広い範囲をカバーする必要があります。そのため、選手1人1人の柔軟性と共創力が重要となります。創造性が求められる時代では、広い視野で、個々の自律性やアイデアが活かされる環境が重視されるため、サッカー的なチームが求められます。

野球とサッカーどちらが良い悪いという話ではなく、目的に応じてチームのあり方は変わってもいいということです。

ちなみに、RESAS のプロジェクトチームの主要なリードリンク（リーダーというよりは個々のセクションを連携する役割）のほとんどは音楽を演奏するミュージシャンや DJ をしているアーティストたちでした。当時、私が所属していたメディアラグという会社には開発環境がありませんでした。そこで、データをビジュアライズし、サイトを構築する制作チームはチームラボに依頼しました。

チームラボは、アーティスト、プログラマー、エンジニア、CG アニメーター、数学者、建築家など、幅広い専門家が集まるデジタルコンテ

ンツ制作会社です。ビックデータのビジュアライズという未開の領域を
ワクワクしながら一緒に共創できるクリエイティブ集団でなければ、こ
のプロジェクトは実現不可能と考えたからです。

　チームラボに制作を提案しに行ったときの話です。RESAS の企画書
を持ってチームラボのカタリスト椎谷ハレオ氏に企画の内容を話し始め
ると、椎谷氏は説明の途中で話をさえぎり、「柴田君はこのプロジェク
ト面白いと思う？」と訊ねてきました。まだ、予算の話もしていません。
私は「面白いに決まってるじゃないですか！」と答えると、予算も聞か
ずに「よし、やろう」と言ってくれました。この瞬間、私はチームラボ
の仕事に対する姿勢を知り「できる！」と確信しました。

　通常の大手企業であれば予算と納期が受託の大きな判断材料になりま
す。しかし椎谷氏は、予算や納期よりも先に私の内発的動機（やる気、
本気度）を確かめたかったのです。新規事業は「何をやるか」以上に「誰
がやるか」や「誰とやるか」で明暗が分かれます。

　日本のさまざまなデータを集め可視化したときにどんな未来が見える
のか？

　未知のシステムを開発する期待と不安でスタートしたプロジェクト
は、言葉では言い尽くせない大変な苦難の道でした。制作は難航し、家
に帰れない日々が続き、カプセルホテルで仮眠して作業に入るという毎
日でした。ある日駅のホームで電車を待っていたとき、「国益ともいう
べき情報を預かる責任を最後までまっとうできるのか？」という不安に
押し潰されそうになり、「ここで線路に飛び込んだらすべて終わる、逃
げられる……」という思いにかられたことを鮮明に覚えています。それ
ほどまでに追い詰められていましたが、信頼できるチームに支えられ、
何とか納品に漕ぎ着けることができました。

JVCケンウッドの
新規事業プロジェクト

　各種スポットコンサルから伴走支援のプロ人材を紹介しているビザスクのご紹介で、無線システム、カーナビゲーションやドライブレコーダー、オーディオ機器などの電気機器メーカーである株式会社JVCケンウッドの新規事業の立ち上げの伴走支援をさせていただきました。同社の場合、ボトムアップ型の新規事業開発であったこと、また、直前に新規事業の失敗を2度経験し、モチベーションの低下が見られる状況の立て直しからご支援させていただくことになったので、チームビルディングから取りかかりました。

　その結果、1年後に実施された全社的なストレスチェックサーベイでは「働きがい」「職場の活気」「同僚からのサポート」「上司からのサポート」の4項目において、前年と比べて劇的な数値向上が見られ、全国平均を大きく上回る数値になりました。他部門からも「最近変わりましたよね。何をしたらそうなったのですか?」と驚かれるまでにチームに変革が起こり、2024年現在、1年間で300個以上出たアイデアから3つに絞り込み、仮説検証まで漕ぎつけました。

　これはボトムアップ型のプロジェクトでしたが、社長にプレゼンテーションを実施し、事業部の価値や意義も理解していただけるようになりました。メンバーにはアイディエーションの習慣が身につき、他部門からの評価も高く、部門を跨いでの相談も多くなり、今では社内のアイディエーション・ファーム的な役割も果たしています。モチベーションやエンゲージメントの高いこの部門は、新入社員にとっても好評のようで、長期的に見て優秀な人材の確保にもつながるでしょう。

　このプロジェクトにかかわる際に私がお願いしたのは、「提案に対し

て『できない』と言うのは、なるべくやめてください」でした。これから新しい価値を作ろうというのに「前例がないから」「ムダに思えるから」「理解できないから」といった理由で「できない」と言っていては、何も進まないからです。

新しい価値を創造する環境においては、トライアル＆エラーに対してポジティブな姿勢を見せることが重要です。もちろん、無茶なお願いや効果的でない提案はしていませんが、私からの多くの施策の提案をご理解いただき、実行できたことが成功の大きな要因であったと思います。

具体的にどんな施策を行なったか、いくつかのユニークな施策をご紹介します。

新規事業の「型」(フレームワーク)の習得

まず、メンバーには本書で解説している「クリエイティブ・マネジメント」の考え方をご理解いただき、新規事業の「型」を研修とワークショップを重ね、一から体得していただきました。アート思考の内発的動機とアイデアの発想法、デザイン思考による顧客の深層心理の探求、ロジカル思考による客観的な事業性の評価など、クリエイティブ・マネジメントの「型」から始めました。

オーセンティック・リーダーシップ

まず、プロジェクトを伴走支援する私の立場についてですが、正直であることをいつも心がけています。わからないことは「教えてほしい」と素直にお願いする。間違ったら、間違ったことを認める。一般的にリーダーと呼ばれる立場は、「自分は優れている」または「劣っていると思われたくない」という感情を持ち、気づかぬうちに自己武装する傾向があります。新規事業はわからないことばかりです。未知の新規事業で、わかったフリはあとになって大きな問題を引き起こす可能性があり

ます。わからないことは「わからない」と言える正直さ＝「自分らしさ」をチームの信頼につなげることが大切だと思っています。一方で、最後までチームを守る「ブレない意思」を強く持っていることも必要です。

これは「オーセンティック・リーダーシップ」と呼ばれているそうです。

ハーバード・ビジネスレビュー編集部による書籍『オーセンティック・リーダーシップ』（ダイヤモンド社、2019 年）によれば、表面的なカリスマ性や権威主義的リーダーとは異なり、誠実さ、信頼性、そして自己認識＝「自分らしさ」にもとづいたリーダーシップスタイルで、自分らしさを軸に、目標に情熱的に取り組み、自らの価値観をブレることなく実践するリーダーシップだといいます。

自分の場合は、オーセンティック・リーダーシップを意識したわけではなく、プロジェクトを成功に導くためには、必然的にそうならざるを得なかったのです。今までにないもの、自分もまだ知らないものを生み出すわけですから、知ったような顔をしていることはできません。また、どれだけ好奇心があっても、急速に進む新しい技術にまったく追いつけていません。だからこそ、素直に子どものように「何それ？　どうやるの？」と「聞いて → 試して → 理解して → 納得して → 判断する」必要があります。素直に知らないことを尋ねて学ぶ姿勢、自分が知らないことに正直でないと、新規事業は作れないと思っています。

リーダーとして、もう 1 つ大切なことは、「自分ができることを相手もできて当然」と思わないことです。自分自身の経験から判断すると、「そんなこともわからないのか！」「この意味を理解しているのか？」「まだそんなことをしているのか！」といった感情が先走り、言葉が高圧的になり、否定から入ってしまうことがあります。そんなときは、自分の感情を客観的に見て「あっ、自分は今怒っている」とメタ認知してから相手の目線に合わせて対話をするように心がけています。

第12章　イノベーションを生み出す組織　　　247

心理的安全性と1on1

　新規事業は1人でできるものではありません。チームメンバーそれぞれのアイデアを集め、集合知を活かしながらプロジェクトを具体化していく、自由で活発な意見の交換をすることでアイデアを多産する必要があります。その過程では、自由な対話を通じて多様な視点から創造的なアイデアを引き出す必要があります。このような創造的な環境を支えるには、メンバー間の信頼関係が不可欠です。

　信頼関係を築くためには、「しなければならない」という義務感や「やらされている」という強制ではなく、自ら「したくなる」「ワクワクする」といった内発的動機が重要です。この内発的動機を維持し、促進するためにも、心理的安全性の確保が不可欠です。心理的安全性の環境を作るためには、お互いの立場を尊重し、失敗を責めるのではなく、失敗から学ぶ姿勢が必要です。

　心理的安全性とは、単に「あなたがそれでいいならそれでいい」というように、相手に同調したり遠慮したりすることではありません。お互いの意見を尊重しながら、建設的な対話を行なうことが重要です。

　たとえば、「あなたの意見は理解しました。その上で、こういった視点もあるのではないでしょうか？」というように、相手の考えを認めつつ、新たな観点を提示することができる環境こそが、心理的安全性のある職場と言えるでしょう。

　このような環境では、チームメンバーは批判を恐れることなく自分の意見を出すことができ、同時に他者の意見にも耳を傾けることができます。そして、それぞれの意見をもとに、より良いアイデアや解決策を生み出すことができるのです。心理的安全性は、相互尊重と建設的な議論のバランスを取ることで、チームの創造性を高める基盤となります。

また、個々人のモチベーションやチームに対する信頼関係を維持する上で1on1は効果的です。1on1は上司が部下に対して個別のフィードバックを提供する機会で、基本的には「業務を円滑に進められているか」「困っていることがないか」を確認するのですが、個々のメンバーの課題やキャリア目標に対する具体的なアドバイスを行ない、部下の成長を支援する場としても利用できます。定期的な1on1ミーティングをすることで、信頼関係が築かれ、意見や悩みを率直に共有しやすくなり、職場コミュニケーションを改善できます。

　かつて、ある企業の新規事業部でこんなことがありました。1人の若手社員が積極的に新規事業プロジェクトを推進していました。そのほかの社員は、私から見ると比較的保守的に思われ、彼らの温度差を感じました。一見若手社員はエンゲージメントと意欲が高いと思われたのですが、1on1ミーティングをしてわかったのは、若手社員は離職を前提にしているということでした。彼の中に「どうせ辞めるなら、思い切りやろう」という意識があったのです。その一方で、私が保守的だと感じた社員のほうが実はエンゲージメントが高く、高いがゆえに冷静な判断から保守的になっていることが判明しました。このように、表面的な行動と内面的な思いの乖離は、単に実務をともにしているだけではなかなか把握することはできません。

　一方で、すべてのマネージャーのコミュニケーション能力やメンター能力が高いとは限りません。今までロボットのように業務管理しか行なってこなかった上司が、ある日突然メンター的な役割やコーチングのようなところまで対応することになり双方に違和感を感じている場合や、そもそも上司との関係が良好でない場合は、1on1ミーティングがプレッシャーや苦痛に感じられたり、内容の薄い1on1が形骸化・義務化して、かえって逆効果となる場合もあります。

　JVCケンウッドの新規事業チームの構成員は、会社からの指名制で人

選されていました。その場合、モチベーションの高い人とそうでもない人の格差が必然的に現れてきます。チームの全員が「新しいことを生み出したい！」と強く望んでいるとは限りません。人によっては、「新しいことよりも、じっくり開発するほうが自分に向いている」と思っているかもしれません。あるいは、「家庭の事情があって、ほかのメンバーのように時間をフル活用できない」など、プロジェクトが進むにつれて精神的にも時間的にも負担に感じるスタッフも出てきます。

　私は外部メンターという立場で、1人1人と「個人的なことに関しては上司には伝えない」と約束し、第三者としての信頼関係を築き1on1を行ないながら、個別の課題や悩みを聞きながら、プロジェクトに反映させていきました。その一方で、上司には匿名で全体的なフィードバックを行ないます。

　新規事業開発が進むにつれて業務内容も過酷になっていきます。「自分に合わない」と思っているメンバーをムリに新規事業部に在籍させるよりも、快く送り出すことも大切です。本人がついていけないと思ったり、足を引っ張っていると思ったりしないように人才の流動性を優先するようにしています。

メモをとる習慣：好奇心の習慣化でアイデアの「種」を集める

　アイデアを生み出すには膨大なインプットが必要です。日常の些細な気づきやさまざまな業種の新規事業やトレンド、新商品に興味・関心を持ちメモをとる習慣をつけました。会議のときでも知らない単語があったらメモして調べることがチームの常識になっています。この習慣をつけるために、私は会議の席でわざと意味のない単語、たとえば「MMGL（無意味な略語）の回転を速くしていくことが大切です」などと言います。そのあと「今のMMGLをメモしましたか？　しなかったということは、知っているということですよね？　MMGLとは何か説明してください」という意地悪なワナを冗談混じりで仕込みます。そうすることで、「知

らないことを知らないままにしない」「わからなかったらメモをとる」「恥を忍んで質問する」という習慣が身につきました。

　私は、打ち合わせや会議で交わされる業界用語や特有の略語などは、知らない場合、進行の妨げにならない程度で、その場で聞くことにしています。「そんなことも知らないの？」と思われることもあると思いますが、新規事業では知らないことを知らないままに、あるいは知った気になって進めて、あとになって大きな問題や損害が起きる場合があります。新しいことを始めるのですから知らないことばかりなのは当然です。その場で聞けなくても必ずメモをとっておき、あとで確認する癖をつけるようにしてください。

　スティーブ・ジョブズ氏が「メモをとるな」と言った話はよく知られています。これは記憶に残らないことは、たいてい必要でないか、忘れてもよいことだと解釈できます。同じようなことをポール・マッカートニーも言っていました。ビートルズのメンバーは全員、楽譜が読めなかったそうですが「次の日になったら忘れてしまうような歌は大したことがない。だから譜面に残す必要がない」という理由で譜面にメロディーをメモする必要がなかったと言っています（※）。

※出所:『ポール・マッカートニー / メニー・イヤーズ・フロム・ナウ』（バリー・マイルズ、ロッキング・オン、1998 年）

　では、メモは必要ないのか？

　必要です。なぜなら私たちはジョブズやポールではないからです。彼らはそこに至るまで膨大な思考と音楽的経験を積んだからこそ記録に頼らず創造できるようになったのです。

　ただし、会議のときのメモには気を配ってください。会議は参加することに意義があって、アイデアや議論に対して対話することを重視するために、メモをとることよりも対話に参加しイメージを膨らませることに集中してください。

競合＆共創関係:2つのイントレプレナーチームのパーパスを策定

　当初、JVCケンウッドの新規事業チームは専任・兼任を含め計14名が在籍していました。この人数でミーティングをしていては、意見の調整や合意形成に時間がかかってしまいます。スタートアップエコシステムの研究と分析を行なうグローバルプロジェクト「Startup Genome」の報告によると、成功したスタートアップの平均チームサイズは最大でも7名とのことです。また、スタートアップ創業者や投資家にとって貴重な情報源となっているベンチャーキャピタリスのトマシュ・タンガズ（Tomasz Tunguz）氏のブログでも「スタートアップにとって最適なチーム規模は、管理範囲と管理責任範囲のバランスが取れた規模です。まずは7人から始めるのがよいでしょう」と書かれていました（※）。

※出所：https://tomtunguz.com/span-of-control/

　そこで、7名の2チームに分けて、個人個人が「私たちのありたい姿」をテーマにパーパスを考え、そこに共通するキーワードを抽出し、それらをつなぎ合わせて合意形成しながらパーパスを策定しました。企業のパーパスとは、その企業が存在する根本的な目的や意義を指します。パーパスを明確にすることで、企業が社会に対してどのように貢献するか、またその価値をどのように提供するかが明らかになります。

　パーパス策定において重要なことは全員が参加して合意形成することです。これにより、メンバー全員の思いがこもったパーパスができ、自分ごとになります。これが、エンゲージメントの基礎を作り、帰属意識とチームに対する愛着を生みます。パーパスから2つのイントレプレナー（社内起業）チームの社名を決めて2つの社内スタートアップを立ち上げました。2つのイントレプレナーチームが個別にアイデアを量産し、プロダクトの企画・開発、マーケティング、事業戦略などの専門的な役割が生まれていくようにします。2つのチームはときに議論を闘わせ、ときに共創しながらプロジェクトを進めていきます。最終的に1つの企

画が決定し事業化レベルにスケールする時点で、2チームを合体させて1つのチームにする想定です。そうすることで、双方がプロジェクトの経緯や目的などを共有しているため、強固でスピーディーな進行が期待できます。

可視化と浸透:大型の液晶ビジョンの導入、ステッカー制作

パーパスや会議での気づきや学びを一過性のものにせず、常に立ち返るために75インチの液晶ビジョンを購入してもらい、会議の内容をグラフィックレコーディングにしたり、イノベーターの格言などをビジュアライズして社内で常に液晶ビジョンに繰り返しスライドショーを掲示するようにしました。また、2チームのロゴデザインをステッカーにしてパソコンなどに貼りつけることで帰属意識を高め、仕事の自分ごと化につなげました。

メタ(旧フェイスブック)には「アナログ・リサーチ・ラボ(Analog Research Lab)」と呼ばれるアーティスト・インレジデンス・プログラムがあり、アーティストが雇用されているそうです。アーティストの創造性や感性に触れるだけでなく同社の理念を可視化し、浸透させることに活用しているそうです。また、メルカリは自社の定めたバリュー、たとえば「Go Bold(大胆でいこう)」といったキーワードを浸透させるためにTシャツやトレーナーにプリントしているとのことです。

アセットの可視化:企業ポートフォリオの作成

最近では、以前のように既存事業から飛躍した新規事業ではなく、自社のアセットを掘り出し、それをベースに新しいビジネスモデルを考えるアセットベースのケースが多くなっています。というのも、既存事業からあまりに飛躍したビジネスの実現可能性は極めて低いからです。

第12章 イノベーションを生み出す組織

203 ページで紹介した富士フイルムの事例からもわかるように、自社に眠っているアセットや潜在的な価値を新結合させて新規事業のアイデアを生み出すことは重要です。そのため JVC ケンウッドでも、自社のアセットをすべて書き出してポートフォリオを作成しました。「どの事業部が、どんな技術を持っているか」「どんな取引先がいるか、どんな流通があるか」「顧客からどんなクレームが入っているか」など、さまざまな角度から調査し、書き出してマインドマップを作成したり、データベースを作りました。このすべてがアイデアの「種」になります。

事業の把握:「なりすまし営業」

大きな企業になるほど組織の縦割り化が進んでおり、個々の部門・部署が持つ技術などが他部署ではほとんど認知されていません。また、特定の目的で研究され、実現できなかった時点で凍結されたプロジェクトであっても、ピボットすることで有効活用できる場合もあります。ポートフォリオの作成が終わったら、気になる事業の製品・サービス、ソリューションをさらに深く知るために、その部署の製品や研究について調査、ヒアリングを行ない、その部署の営業担当になりすまして、もう1つのチームにプレゼンテーションをします。それを聞く側は、導入を本気で検討するつもりで機能の詳細や長所、他社に対する優位性などについて質問し、ときに製品のウイークポイントを指摘したりします。そうすることで、全員が短時間で自社の製品・サービスについて深く把握することができます。

アイデアの「種」を集積:「トレンドレポート」

今回のプロジェクトでは、メンバー全員がテレビ番組、SNS、Web サイトなどから気になるトピックを探して、週に1回ディスカッションを行ない、気づきを共有するようにしました。この活動は1年間休むこと

なく毎週継続し、1年で600件を超えるレポートをアーカイブし、アイデアの「種」を着実に増やすことができました。

この活動をすることで、発想の引き出しが増えるだけでなく、レポートを習慣化することで、さまざまな情報を結びつけてアイデアを生み出す思考の癖が身についてきます。たとえば、「この事業はあの事業と類似した手法だ」とか、「あの事業のここを参考にして」など、関連性や応用を考えるようになってきます。アイデアブレストでは「あのとき話していたあの事業のような……」といった具合に引き出しが増え、応用もできるようになりました。

客観的な評価:媒体への露出

新規事業は成果を生み出し、収益をあげるまで時間がかかります。社内的な評価も得られず、不安が募ってくる場合もあります。そのため、私は他社との協業などトライアルの段階でも社内外に公開して問題ないものは、プレスリリースとして外部に発表するようにしました。また、取り組みをビジネス系のWebメディアに取材してもらい、活動が社外に露出するようにします。

あるいは、信頼できる他社とオープンイノベーションを想定したワークショップを行なったり、小さなトライアルを社内外に公表できるようにしたりしています。進行しているプロジェクトが対外的に評価されたり、そのフィードバックを社内に反映させ、他部署からも関心を持ってもらうなど、客観的な評価を得ることでモチベーションを保つようにしました。

メタ認知の習慣:「今どこ?」の確認

プロジェクトが進行していく過程で、チームが迷走し始めることがあります。開発に集中するあまり、目先の作業に追われ、見方が狭くなり、

第12章　イノベーションを生み出す組織　　　255

プロジェクトの全体を見失って「小さな結論」を求めるようになります。攻めるつもりが小さくまとまってしまっていたり、気がつくと違う方向に流されていることもあります。定期的に行なわれる報告会では、それまでの経緯をさかのぼり、「今自分たちはプロジェクト全体の中のどこにいるのか？」を明確にします。進行状況を客観的に共有することで「今どこ？」を明確にし、羅針盤を見ながら進むことで迷走を回避できます。そのため私はメンバーに対して、常に全体を俯瞰して思考の拡散と収束を柔軟に繰り返しながら進行することを意識してもらっています。

　このほか、チームからのアイデアでエンゲージメントや心理的安全性を高めるために職場を離れ、パソコンを一切使わない「ノー PC デー」を設けて、自分の好きなこと、やりたいこと、喜びや怒りなどの感情をメンバーに共有し、質問をしたり、共感したり、意見を出し合う時間を作ったりしました。このほかにも積極的に「インプット活動」を行ない、学校、介護施設、工場などを視察をし、現場で生まれる課題の観察・洞察を深め、現場の人たちが抱える本人たちも気がつかない潜在的なニーズを探る活動も行ないました。

**　このように、通常の事業部では行わない施策を通じて心理的安全性やエンゲージメントを高め、仕事を自分ごと化することで意見が活発に交わされ、アイデアが生まれやすい環境を構築しました。また、ユニークな施策を行なうことで、新しいコトや環境に柔軟で理解のある雰囲気を生み出します。同時にアイデアを生み出す「型」を実践し、積極的に社外の人たちとも交わることで多くのアイデアを生み出すことができました。**現時点では 300 個のアイデアを 2 〜 3 個に絞り仮説検証から事業化への段階ですが、今後の活動に期待できます。

　1 年を経過した部署内の変化に関するアンケートでは次のような回答をいただきました

- 「個人ではなくチームとして成果を出したい」と考えるようになった
- 日々の生活の中でも、「これは新規事業に使えそうだ」という思考を持つようになった
- 情報を多岐にわたり入手する習慣がついた
- アンテナが高くなり、さまざまなことへの興味が広がって、生活の豊かさが向上しているように感じる
- 「今やっていることが何かしらの成果につながる。失敗しても教訓になる」と考えて前向きに取り組めるようになったと思う
- 新規事業の現実味が出てきて面白くなりそうなワクワク感がある

　このように、2度の失敗を経験した新規事業部とは思えない、積極的な回答をいただくことができました。

クリエイティブ・マネジメントを実践して得たもの

株式会社 JVC ケンウッド
無線システム事業部　ソリューションビジネス部長
岡田真治さん

　あの頃を振り返ると、2度の新規事業立ち上げに挑み、合計で多くの時間と多くの資金を費やしていました。けれども、どちらも思うような成果には至らなかったのです。既存事業なら、スキルに集中するだけである程度の結果は出せますが、新規事業にはそれ以上に「人」や「組織の力」が不可欠だと痛感しました。個々の内発的動機、チーム全体の士気、そして皆で生み出す力がなければ新規事業は難しい——そんな現実を目の当たりにした日々でした。沈んだ雰囲気に包まれたチームを立て直すべく、私は新規事業で成功経験を持つ柴田さんを迎え入れることを決意しました。

毎週の柴田さんとのセッションは新鮮そのものでした。未知の視点や手法を教わり、チーム全員が刺激を受けるような時間だったことを覚えています。その経験から、私たちは世の中のトレンドを集め、毎週チームで情報を共有する習慣を作りました。この活動は私たちの共通理解を深め、市場や顧客についても知識を深める良い機会でした。また、私たちは改めて自社のアセットを振り返り、外部の知見を取り入れて新しいアイデアを生み出す流れを作ることができたのです。

　そして、チームビルディングの大切さも強く感じました。心理的安全性を確保し、メンバーが自由に意見を言い合えるような場を作るため、定期的な1on1の対話を始めました。そうした対話の中で、メンバーがどんなことを考えているのか、どんな課題に直面しているのかが少しずつ見えてきました。お互いにキャリアや成長について率直に話し合える場ができたことは、チームの絆を自然に強め、皆で挑戦できる雰囲気づくりに一役買ったと思います。こうして、閉塞感に包まれていたチームが少しずつ変わり、組織全体の活力が増していくのを、私は身をもって感じました。

イノベーション管理プラットフォーム「IdeaScale（アイデアスケール）」

「新規事業部を立ち上げたもの、どのように進めてよいかわからない」「専門家の支援がなかなか得られない」といった場合、新規事業を生み出す「型」をSaaS型のシステムで管理する方法もあります。国際標準にもとづいた世界中で多くの企業に採用されている「IdeaScale」という

プラットフォームを使うことで、イノベーションのプロセスを体系化し、効果的に可視化してオンライン上で管理・運営することができます。

　IdeaScale 誕生のきっかけは、オバマ大統領の就任直後に発表された「オープンガバメント・イニシアチブ」です。この声明は、政府が市民の声を積極的に取り入れ、透明性を高めることを目的としていました。この取り組みに応じて、IdeaScale は政府機関が市民からのフィードバックを効率的に収集し、政策決定に役立てるためのツールとして開発されました。海外では、SAP やアドビシステムズが顧客からのフィードバックの収集に活用していたり、ゼロックスやヒョンデが社員からアイデアを収集し製品の改善に利用しています。

　また、テスラでは IdeaScale の導入当初、開発チームやエンジニアがアイデアをシェアするために利用して効果が出たことをきっかけに注目され、イーロン・マスク氏から AI 導入の依頼があり、現在では ChatGPT が実装され、アイディエーションやアイデアのブラッシュアップに活用されています。ユーザーのニーズを吸い上げるために、コミュニティーの一部を外部に開放して、申請すればすべての人が直接要望や質問をテスラ社に提案できる開かれた窓口として活用されています。

　日本では楽天が IdeaScale を導入して成果をあげています。

　社員食堂が人気で「長時間並ぶ」という不満が社員からポストされたことをきっかけに別の部署から「ドローンを使ってデリバリーを実現できないか」というコメントが寄せられ、この発想がきっかけとなって楽天ドローンの新規事業が誕生しました。2016 年の IdeaScale 導入時は 60 人からスタートし、最初の 3 カ月で 86 個のアイデアを作成、その後「そら楽」「ラクテンシャ」はじめ、1 年間で 5 つのサービスを生み出したそうです。

　IdeaScale はアイデアの収集、評価、開発、実装のプロセスを体系的にオンラインで行なうことができ、組織全体で革新的なアイデアを引き

第12章　イノベーションを生み出す組織　　　259

出し、プロセスを効率化し、イノベーションのスピードを向上させ、事業化までをサポートしてくれます。同時に、そのプロセスが共有されることで、誰もがプロジェクトに参加でき、イノベーションを組織全体で推進する組織カルチャーを醸成することもできます（図 12-4）。

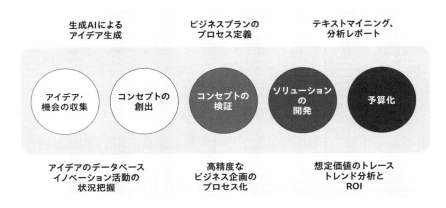

図12-4 IdeaScaleでできること

IdeaScale の機能は次の通りです。

①アイデア収集と管理

社内外のさまざまなステークホルダーからアイデアを収集するための多様なインターフェースが実装されています。これにより、オープンイノベーションの促進や、従業員の積極的な参加が可能となり集められたアイデアは、自動的にカテゴリ分けされ、優先度に応じて管理することができます。

②コラボレーション機能

アイデアの評価や改良において、チーム内でのコラボレーションを促進する機能があり、ユーザーは、プラットフォーム上でフィードバックを共有し、アイデアを洗練させることができます。この協働プロセスは、アイデアの質を高め、実現可能性を向上させることができます。

③評価と意思決定支援

　収集されたアイデアは、評価（アセスメント）機能によってスコアリングやバイアス除去を行なうことができます。これらの評価結果をもとに、アイデアの優先順位を決定するための意思決定支援ツールも実装しています。これにより、企業は限られたリソースを最も有望なプロジェクトに集中させることが可能となります。

④実装とモニタリング

　選定されたアイデアの実装フェーズを支援するためのプロジェクト管理ツールも提供されています。そのためイノベーションプロジェクトの進捗をリアルタイムで追跡し、必要に応じて迅速に対応することができます。

　IdeaScale を効果的に活用するには、従業員が積極的にアイデアを提案し、フィードバックを提供する組織文化が必要です。そのためには組織自体をリノベーションする明確な方針をトップが打ち出し改革への意識を社内全体に浸透させ、積極的な参加をうながす必要があります。
　また、イノベーション管理プラットフォームが導入されたからといって、必ずしもすぐに画期的なアイデアが生まれるわけではありません。イノベーションや新規事業の基本は多産多死です。システムに対して過剰な期待を抱くと、思ったほどの成果が得られないと感じることもあると思いますが、優れたアイデアを生み出すのはシステムではなく皆

さん自身です。補完的な要素として上手に活用してください。IdeaScale JAPAN は導入にあたっては、私のようなイノベーションエバンジェリストが導入支援も行なっているので相談してみるのもいいでしょう。

組織の幸福度がイノベーションの源泉となる

　私たちが仕事をしているのは、家族のため、経済的な安定のため、自己実現を目指してという理由もありますが、最も根底にあるのは、幸せを感じるためではないでしょうか？

　政府が提唱した働き方改革は「労働不足の解消」と「経済成長のため」を提唱し、幸福度は謳われていませんでした。幸福学の第1人者である慶応義塾大学の前野隆司教授が監修した、積水ハウスのグループ会社の全従業員を対象に実施した「幸せ度調査」において、「自分は自律的に働いている」と思っている人ほど、幸福度が高く、業績評価も高いことがわかりました。「挑戦力」「職場の幸せ」「自己裁量・自己成長・役割認識・チームワーク」なども高く、自己抑圧が少なかったのです（※）。

※出所：積水ハウスのプレスリリース
https://www.sekisuihouse.co.jp/company/topics/library/2024/20240711/20240711r.pdf

　「やらされている」のではなく「やりたくて」仕事をしている人の幸福度が高いということになります。つまり、「仕事の自分ごと化」です。ライフワークとライスワークが近ければ近いほど人の幸福度は高くなります。

　マズローの5段階欲求ピラミッドの5段階目「自己実現の欲求」つまり、「自分らしく生きる」ことを仕事の中で満足させることができるからです。

・ライスワーク：食べる（生きる）ためにする仕事
・ライフワーク：人生をかけてやりたい仕事

　ポジティブ心理学の研究者ショーン・エイカー氏の著書『幸福優位7つの法則』（徳間書店、2011年）によれば、幸福感の高い社員の創造性は3倍、生産性は31％、売上は37％高いそうです。幸福を「結果」ではなく「原因」と捉え、幸福になることで、より良い結果を導き出すことができるという考え方、すなわち「幸福の優位性」を提唱しています。
　今までにない価値を作り出すには、大変な労力と苦痛をともないます。「自ら社会を良くしていこう」という内発的な強い意思がなければ続けられないものです。働く人それぞれが働く意義や意味を感じ、仕事を自分ごと化すること、そのためにも組織が内発的動機をもつ人才が継続的に仕事をしたくなる環境を作ることが必要です。組織に所属する幸福度が高くなれば、自然に自律性や創造性も高まっていきます。

　指示通り正確にやる仕事はAIとロボットの作業になっていきます。AIにはできない自律と創造が組織に実装されれば、幸福度も増すということになります。イノベーションを起こすにはまず、組織の幸福度を上げることを目標に掲げ、エンゲージメントを高め、人才を活かすことができる組織カルチャーにリノベーションする必要があるということです。

おわりに

「学ばされる」ことがとても苦手です。

それはきっと、高校時代の教師に対する嫌悪感が原因の１つだと思います。

教師としては、教えたことだけ答えて点数を取れば、それでいい。

それさえできれば大学に行ける、給料の良い会社に就職できて、家を建て家族を養って理想の家庭が築ける。

だから余計なことを考えるな。点数を取れ。

それが教育だと教え込まれたように感じています。

そもそも、私の家庭は不和で家庭に理想や希望を抱くことができませんでした。では、何のための学びなんだろう？

高校の頃に関東から北陸へ転校しました。

入学当初の中間試験で私は700人の生徒のうち696番目でした。

教師は「お前は頭が悪いからスポーツをやれ。体が小さいからレスリングがいいだろう。対戦相手が少ないから不戦勝で全国大会に行けるぞ」と言いました。

悔しさから勉強をすると、国語だけ学年で700人中2位になりました。

教師は「何だ、勉強ができるじゃないか」と言いました。

そこで、仕返しで600番代に戻しました。

すると教師は「学校を舐めるな！」と私を叱責しました。

人間不信の最初の対象が教師でした。

もちろん、人生の大切なことを教えてくれた素晴らしい師もいましたが、この経験が、「学ばされる」ことへの抵抗感につながりました。

逆に、好きなことを自ら学ぶ習慣が身についたのも、こうした経験があ

ったからこそです。

皮肉にも、かつて苦痛と感じた教育が、私自身の学びの原動力を生み出したといえます。

そして今、セミナー講師になっています。

1人でも多くの方が、自ら学ぶ楽しさや大切さに気づいてくれることを願っています。

自ら「問い」を持ち、好奇心を持って世界を見てほしい。

そうすればきっとたくさんの発見やアイデアが生まれ、人生が豊かになります。

本書が、読者の皆さんに問いを持つことの重要性や、学びの喜びを再発見するきっかけになれば幸いです。

最後になりますが、私がセミナーを始めるきっかけをくれた眞柄真有奈さん、京都芸術大学の講師に誘ってくださった早川克美さんに心より感謝申し上げます。最先端の脳研究に関する相談に乗ってくださった大黒達也さん、AIに関して貴重なご意見をくださった足立明穂さん、創造性については永井翔吾さん、MBAやエンゲージメントについて助言をくださった松林博文さん、そしてアーティスト思考の観点については松永エリック・匡史さんにも深く感謝いたします。皆さまのお力添えがなければ、本書を完成させることはできませんでした。

また、笹井淳さん、飯塚愛さん、村井裕一郎さん、Marina Seo さん、小林奈美さん、渡辺拓さん、Daisuke Masano さん、皆さまのご協力にも心から感謝いたします。本当にありがとうございました。

2025 年 1 月　柴田雄一郎

X　@shiba6969

 LinkedIn　https://www.linkedin.com/in/shibafreedom/

 自伝的インタビュー電子書籍『自分軸で生きてます』
アート思考をする人の頭の中を見ることができます。
Kindle　https://amzn.to/3W8bogi

参　考　文　献

〈書籍〉

『Dark Horse「好きなことだけで生きる人」が成功する時代』（トッド・ローズほか、三笠書房、2021 年）

『ハイ・コンセプト　「新しいこと」を考え出す人の時代』（ダニエル・ピンク、三笠書房、2006 年）

『Walt Disney Imagineering: A Behind the Dreams Look at Making More Magic Real』
（Imagineers、Disney Editions、1996 年）

『世界のビジネスリーダーがいまアートから学んでいること』
（ニール・ヒンディー、クロスメディア・パブリッシング、2018 年）

『経営は何をすべきか』（ゲイリー・ハメル、ダイヤモンド社、2013 年）

『99％の会社はいらない』（堀江貴文、ベストセラーズ、2016 年）

『アートシンキング』（エイミー・ウィテカー、ハーパーコリンズ・ジャパン、2020 年）

『世界のエリートはなぜ「美意識」を鍛えるのか？　経営における「アート」と「サイエンス」』
（山口周、光文社新書、2017 年）

『ビジネスの未来　エコノミーにヒューマニティを取り戻す』（山口周、プレジデント社、2020 年）

『メディアはマッサージである』（マーシャル・マクルーハン、河出文庫、2015 年）

『ハウ・トゥ アート・シンキング　閉塞感を打ち破る自分起点の思考法』
（若宮和男、実業之日本社、2019 年）

『脱成長』（セルジュ・ラトゥーシュ、白水社、2020 年）

『スタートアップ・ウェイ』（エリック・リース、日経 BP、2018 年）

『シリアル・イノベーター』
（アビー・グリフィン、レイモンド・L・プライス、ブルース・A・ボジャック、プレジデント社、2014 年）

『モチベーション 3.0』（ダニエル・ピンク、講談社、2010 年）

『マネジャーの最も大切な仕事』（テレサ・アマビール、英治出版、2017 年）

『直感・共感・官能のアーティスト思考』（松永エリック・匡史、事業構想大学院大学出版部、2024 年）

『ゼロ・トゥ・ワン　君はゼロから何を生み出せるか』（ピーター・ティール、NHK 出版、2014 年）

『デザイン思考が世界を変える』（ティム・ブラウン、早川書房、2010 年）

『キーエンス解剖　最強企業のメカニズム』（西岡 杏、日経 BP、2022 年）

『ジェフ・ベゾス　ライバルを潰す仕事術』（桑原晃弥、経済界新書、2015 年）

『一勝九敗』（柳井正、新潮社、2006 年）

『アイデアのつくり方』（ジェームス・W・ヤング、CCC メディアハウス、1988 年）

『イノベーションのジレンマ』（クレイトン・クリステンセン、翔泳社、2000 年）

『スウェーデン式アイデア・ブック』（フレドリック・ヘレーン、ダイヤモンド社、2005 年）

『芸術的創造は脳のどこから生まれるか』（大黒達也、光文社新書、2020 年）

『創造力を民主化する』（永井翔吾、BOW ＆ PARTNERS、2022 年）

『GACKT　超思考術』（GACKT、サンクチュアリ出版、2021 年）

『FACTFULNESS（ファクトフルネス)』（ハンス・ロスリング、日経 BP、2019 年）

『エフェクチュエーション　優れた起業家が実践する「5 つの原則」』
（吉田満梨、中村龍太、ダイヤモンド社、2023 年）

『だれにでもわかる NFT の解説書』（足立明穂、ライブパブリッシング、2021 年）

『オーセンティック・リーダーシップ』（ハーバード・ビジネスレビュー編集部、ダイヤモンド社、2019 年）

『共有価値の創造―競争戦略の新しい枠組み』（ハーバード・ビジネス・レビュー、2011 年）

『ソニー再生　変革を成し遂げた「異端のリーダーシップ」』（平井一夫、日本経済新聞出版、2021 年）

『幸福優位 7 つの法則』（ショーン・エイカー、徳間書店、2011 年）

『ポール・マッカートニー / メニー・イヤーズ・フロム・ナウ』
（バリー・マイルズ、ロッキング・オン、1998 年）

〈Web サイト〉

「成長を続ける 21 世紀のために『ストップ少子化・地方元気戦略』」（日本創成会議）
http://www.policycouncil.jp/pdf/prop03/prop03.pdf

"The MFA is the New MBA"
https://ww2.americansforthearts.org/publications/mfa-new-mba

：NLP Focus「天才と言われたウォルト・ディズニーの創作の秘訣」
https://www.nlpjapan.co.jp/nlp-focus/walt-disney.html

「平成 27 年版　厚生労働白書」
https://www.mhlw.go.jp/wp/hakusyo/kousei/15/dl/1-00.pdf

毎日新聞 2024 年 1 月 1 日「増田リポート 10 年　『消滅』自治体 1000 超も」
https://mainichi.jp/articles/20240101/ddm/001/010/066000c

第一生命経済研究所「2020 年代の世界経済に変化は」
https://www.dlri.co.jp/report/macro/212261.html

日本経済新聞（2021 年 7 月 13 日）「デジタルのジレンマ（1）崩れる分配、消えた 500 億ドル」
https://www.nikkei.com/article/DGKKZO73809690T10C21A7MM8000/

Balaji Srinivasan「Network State」
https://thenetworkstate.com/

マッキンゼー「生成 AI がもたらす潜在的な経済効果」
https://www.mckinsey.com/jp/~/media/mckinsey/locations/asia/japan/our%20insights/the_
economic_potential_of_generative_ai_the_next_productivity_frontier_colormama_4k.pdf

アイキャッチ「中国アパレル業界を変革する AI サービス『知衣』の機能や仕組みを解説」
https://www.sedesign.co.jp/AI-blog/AI-apparel-service-china

The World Economic Forum
「Future of jobs 2023: These are the most in-demand skills now - and beyond」
https://www.weforum.org/stories/2023/05/future-of-jobs-2023-skills/

日本経済新聞（2020 年 6 月 3 日）「資本主義の『リセット』議論を　WEF シュワブ氏」
https://www.nikkei.com/article/DGXMZO59915290T00C20A6FF8000/

総務省「ICT の進化が雇用と働き方に及ぼす影響に関する調査研究」（平成 28 年）
https://www.soumu.go.jp/johotsusintokei/linkdata/h28_03_houkoku.pdf

Biz/Zine
「新規事業とは " 新しい組織能力 " の獲得である――
組織に " 非イノベーション構造 " を生み出す元凶とは？」
https://bizzine.jp/article/detail/5718

ボストン・コンサルティング・グループ（BCG）「企業における経営戦略としての人材戦略及び本質
的分野における学びの推進に関する調査」
https://warp.da.ndl.go.jp/info:ndljp/pid/13731735/www.meti.go.jp/meti_lib/
report/2019FY/000634.pdf

日本能率協会マネジメントセンター「管理職の実態に関するアンケート調査（2023 年）」
https://www.jmam.co.jp/hrm/column/0095-kanrishokuchousa.html

Forbes JAPAN「サイバー藤田晋の経営者論 『洞察力』を磨くために年 100 回やること」
https://forbesjapan.com/articles/detail/64530

ログミー Business「Airbnb ブライアン・チェスキー『創業した会社は我が子のようなもの』
バイアウトありきの金目当てベンチャーを批判」
https://logmi.jp/knowledge_culture/speech/32296?utm_source=chatgpt.com

"Pittsburg Chidrens Hosptial Makes Visits Fun for Kids"
https://www.youtube.com/watch?v=hnSPmcZjEqs

RESEARCH Conference 2024：「生活者研究のめざすところ〜生活者起点で未来のくらしを発想する」
/ 花王株式会社 秋田 千恵
https://www.youtube.com/watch?v=aGI6FtYsV6Q

東洋経済オンライン「『パズドラ』大ヒットの真相」
https://toyokeizAI.net/articles/-/13026?page=5

東洋経済オンライン「孫泰蔵が『事業計画は起業の害』と考える深い訳」
https://toyokeizai.net/articles/-/456120

another life.「もっと家族を幸せに。最愛の娘たちから教わった自分の使命。」
https://an-life.jp/article/1059

リコー経済社会研究所「はたらく人の創造性アンケート調査　意識と取り組みの日米比較」
https://jp.ricoh.com/-/Media/Ricoh/Sites/jp_ricoh/technology/techreport/46/pdf/RTR46a01.pdf

プレジデントオンライン「1 兆ドル男ビル・ゲイツの『手書きメモの魔力』」
https://president.jp/articles/-/34539?page=1

LIFE INSIDER「ビル・ゲイツ氏も！ ビジネス界の大物が常に持ち歩く秘密道具とは」
https://www.businessinsider.jp/post-102920

ハーバード・ビジネスレビュー「たった10分間の瞑想で創造力が高まる」
https://dhbr.diamond.jp/articles/-/5033

内閣府「私は、自分自身に満足している／我が国と諸外国の若者の意識に関する調査（平成30年度）」
https://www.cfa.go.jp/assets/contents/node/basic_page/field_ref_resources/d0d674d3-bf0a-
4552-847c-e9af2c596d4e/3b48b9f7/20240620_policies_kodomo-research_02.pdf

パーソル総合研究所「グローバル就業実態・成長意識調査（2022年）」
https://rc.persol-group.co.jp/thinktank/data/global-2022.html

NIKKEIリスキリング「話せば生まれるコラボ　富士フイルム流のデザイン思考」
https://reskill.nikkei.com/article/DGXMZO22439710Z11C17A0000000/

Siegel,J.S.,Subramanian,S.,Perry,D. et al.Psilocybin desynchronizes the human brain. Nature（2024）
https://www.nature.com/articles/s41586-024-07624-5

Proceedings of the Royal Society Interface"Homological scaffolds of brain functional networks"
https://royalsocietypublishing.org/doi/10.1098/rsif.2014.0873

内閣府2008年5月　知財戦略本部　知的財産による競争力強化専門委員会
「オープン・イノベーションと知的財産を巡る現状等について」
https://www.kantei.go.jp/jp/singi/titeki2/tyousakai/kyousou/dai4/siryou1.pdf

P&G　Connect ＋ Develop（C+D）
https://www.pgconnectdevelop.com/what-is-connect-develop

柴田雄一郎（しばた ゆういちろう）

昭和41(1966)年生まれ。
日本大学芸術学部演劇学科卒業。
音楽配信や動画配信ベンチャーを経て、トヨタ自動車のメタバース「メタポリス」や内閣府の「地域経済分析システム（RESAS）」など、多数の新規事業のクリエイティブ・マネージャーを担当する。
アート思考とデザイン思考、ロジカル思考を統合した「クリエイティブ・マネジメント」を提唱し、大手企業の新規事業立ち上げや社員研修を多数支援。セミナー受講者はのべ2万人を超える。現在は一般社団法人i-ba代表理事を務めるほか、空間コンピューティング、AI、建築DXなどイノベーション分野において幅広く活動中。アーティストとしても活動しており、地域活性や文化振興にも尽力している。

クリエイティブ・マネジメント

2025年3月6日　初版発行

著者　　　柴田雄一郎
発行者　　太田 宏
発行所　　フォレスト出版株式会社
　　　　　〒162-0824　東京都新宿区揚場町2-18　白宝ビル7F
電話　　　03-5229-5750（営業）
　　　　　03-5229-5757（編集）
URL　　　http://www.forestpub.co.jp
印刷・製本　日経印刷株式会社

©Yuichiro Shibata 2025
ISBN978-4-86680-313-5　Printed in Japan
乱丁・落丁本はお取り替えいたします。

『クリエイティブ・マネジメント』購入者特典
新規事業開発に役立つワークシート

読者の方に無料

特別プレゼント

特別データ
著者・柴田雄一郎さんより

購入者特典として、本文に掲載した新規事業開発に役立つワークシートのデータ（PDFファイル）をご用意しました。ぜひお仕事にご活用ください。

特別プレゼントはこちらから無料ダウンロードできます↓

https://frstp.jp/crtvm

※特別プレゼントはWeb上で公開するものであり、小冊子・DVDなどをお送りするものではありません。
※上記無料プレゼントのご提供は予告なく終了となる場合がございます。あらかじめご了承ください。